私募基金与资管行业：

SIMU JIJIN YU ZIGUAN HANGYE

募、投、管、退中的疑难精解

MU TOU GUAN TUI ZHONG DE
YINAN JINGJIE

孟庆君 ◎ 著

首都经济贸易大学出版社
Capital University of Economics and Business Press

·北京·

图书在版编目（CIP）数据

私募基金与资管行业：募、投、管、退中的疑难精解/孟庆君著．--北京：首都经济贸易大学出版社，2022.1

ISBN 978-7-5638-3295-8

Ⅰ.①私… Ⅱ.①孟… Ⅲ.①证券投资基金法-研究-中国②资产管理-风险管理-法律-研究-中国 Ⅳ.①D922.287.4②D922.204

中国版本图书馆 CIP 数据核字（2021）第 224099 号

私募基金与资管行业：募、投、管、退中的疑难精解
孟庆君　著

责任编辑	陈　侃
封面设计	砚祥志远·激光照排　TEL：010-65976003
出版发行	首都经济贸易大学出版社
地　　址	北京市朝阳区红庙（邮编100026）
电　　话	（010）65976483　65065761　65071505（传真）
网　　址	https：//sjmcb.cueb.edu.cn
经　　销	全国新华书店
照　　排	北京砚祥志远激光照排技术有限公司
印　　刷	北京建宏印刷有限公司
成品尺寸	170 毫米×240 毫米　1/16
字　　数	152 千字
印　　张	10.25
版　　次	2022 年 1 月第 1 版
版　　次	2025 年 8 月第 3 次印刷
书　　号	ISBN 978-7-5638-3295-8
定　　价	38.00 元

图书印装若有质量问题，本社负责调换
版权所有　侵权必究

前　言

　　私募基金与资管行业的争议解决是该行业近几年发展中的热点问题。以私募基金为代表的大资管行业经历了"野蛮生长—乱象丛生—争议爆发—强势监管—行业洗礼—理性成长"的发展阶段，同时，私募基金业务交易结构复杂、法律关系多元、法规亟须完善、法律层级较低等表现，也给司法界和实务界带来了巨大困扰。在经历了2014—2019年私募基金和资管行业的较为混沌的时期后，最高人民法院从2019年开始发布了一系列重要文件，对资管行业的一些普遍性问题做了系统梳理；之后，大资管行业的争议解决及审判工作开始进入新阶段。

　　本书汇集了私募基金和大资管行业募集、投资、管理、退出阶段发生的具有代表性的争议解决案例，包括金融消费者诉管理人赔偿案件、投资者对赌回购争议案件、投资机构底层资产退款争议案件、机构投资者诉高级管理层赔偿案件等诉讼、仲裁案例。同时，本书也汇集了投资者以非诉方式更换管理人、管理人内部股东纷争、基金业务整改等非诉案例。本书选材全部为作者本人经办案例，涉及案例类型比较丰富，不仅对案件进行了介绍和评析，还对案件的承办过程进行了展现，希望能对读者有所帮助。

　　本书不仅是我们团队参与的大资管行业争议解决案例的展示，也是多年从业的成功经验的概括和失败教训的总结。结合当下的新理论和新发展审读这些案例，期待读者能够得出更好的解决思路和方案，这也是本书的意义所在。

　　最后，感谢我们团队成员何娅、宋依霖做的整理校对工作，感谢首都经济贸易大学出版社的朋友们一如既往的支持和厚爱。

孟庆君
于北京银泰中心
2021年11月17日

目 录

第一章 诉讼仲裁案例 ··· 1

一、投资人多线发起进攻维权的复杂案例 ···························· 1

二、私募股权投资基金权利主张的路径选择——赛瑞云峰案 ······ 8

三、企业实际控制人通过"股权转让+回购"为企业融资案——
芜湖隆华案 ··· 16

四、投资入伙目的无法实现，投资人要求解除合伙协议
退款——王某某合伙案 ··· 26

五、基金层面和底层资产层面双重对赌机制与投资退出案例——
恒信财富案 ··· 31

六、信托计划持有人诉信托公司合同无效案——
世欣荣和案 ··· 41

七、私募股权投资基金要求被投资企业董事高管赔偿案——
萍乡东方汇富案 ··· 63

八、王某某诉华融证券、中国工商银行股份有限公司北京分行
消费者维权案 ·· 88

九、华融渝富与家景集团、薛某某煤业股权回购案 ············· 97

十、汇亿鑫股权投资基金管理公司与淮南鑫城房地产开发集团、
李某某借款纠纷案 ··· 101

十一、张某某诉王某某、徐某某返还转让款案 ·················· 105

第二章 非诉案例 ··· **107**
　一、宝银基金投资违约案——一起曲折的非诉案例 ············· 107
　二、从某基金公司的退出困境看特殊财产管理对公司的
　　　重要性 ··· 140
　三、资管新规过渡时期银行理财产品转型相关法律问题 ·········· 150

第一章　诉讼仲裁案例

一、投资人多线发起进攻维权的复杂案例

（一）案情简介

2017年4月，HRJS公司（有限合伙人1，即LP1）与HSQT公司（普通合伙人，即GP）、SZJY公司（有限合伙人2，即LP2）、HSQT基金（"定增伍号私募基金"，有限合伙人3，即LP3）、SHDL公司（有限合伙人4，即LP4）共同签署协议设立了宁波合伙企业，协议约定GP认缴出资人民币1万元，LP3认缴出资人民币5 500万元。因LP3为契约型私募基金难以进行工商登记，故将其持有的合伙份额工商登记在GP名下，即HSQT认缴出资额5 501万元。

全体合伙人约定宁波合伙企业的资金将用于认购JH集团的股票，同时HRJS与HSQT公司、SZJY、HSQT基金签署了《股权投资事宜协议书》，约定若JH集团股票价格三次跌破约定价格，则SZJY与HSQT公司有补仓义务，如若两者未进行补仓，则两者在宁波合伙企业中的份额归HRJS所有。

2018年5月，HRJS以约定条件成就为由向SZJY与HSQT主张权利，HRJS认为两者在宁波合伙企业的份额应归其所有，但因HSQT 5 500万份额登记在HSQT名下引发了后续一系列纷争。

（二）多线情况简述

HRJS公司委托笔者就《股权投资事宜协议书》所引起的争议提请仲裁。本案的独特性在于原本单一的仲裁案件与一系列的诉讼仲裁案件相互纠缠，为此我方同时建议HRJS采取非诉的方式进行维权。案件具体状况如下。

1. 胡某、BJSC 诉 HSQT 基金合同纠纷仲裁案（〔2019〕京仲裁字第 0187 号）

HRJS 向 HSQT 主张权利，由此引发出伍号基金的投资人胡某与 BJSC 以伍号基金管理人 HSQT 违反基金合同约定，未依约履行信息披露义务，未尽管理人诚实信用、勤勉尽责义务等为由申请了仲裁。仲裁庭以 HSQT 未将伍号基金投资宁波合伙企业的全部信息披露给投资人，裁决 HSQT 对投资人进行赔偿。

2. 胡某、BJSC 分别对 HSQT 提起财产保全（〔2018〕浙 0206 财保 5 号）（〔2018〕浙 0206 财保 6 号）

2019 年 6 月，胡某和 BJSC 依据上述仲裁裁决向宁波市北仑区人民法院分别提起了财产保全，（〔2018〕浙 0206 财保 5 号）裁定冻结 HSQT 名下宁波合伙企业 5 001 万份合伙份额，（〔2018〕浙 0206 财保 6 号）裁定冻结 HSQT 名下宁波合伙企业 5 001 万份合伙份额。

3. HRJS 对胡某、BJSC 提起案外人执行异议之诉（〔2019〕京 01 民初 432 号）（〔2019〕京 01 民初 433 号）

针对上述财产保全裁决，笔者首先就两份裁定提出书面异议，宁波市北仑区人民法院认为争议合伙份额登记在 HSQT 公司名下，查封其名下财产并无不妥，驳回了 HRJS 的异议请求；紧接着我方又向该法院提起了案外人异议之诉，胡某和 BJSC 就此提出了管辖权异议，法院认为执行异议之诉应当由执行法院管辖，而非由作出异议裁定的法院管辖，最终将案件移送至北京市第一中级人民法院；该法院审理认为，HRJS 对于案涉的 5 500 万合伙份额有基于合同之债的请求权，但该请求权不具有对抗第三人的法律效力，不足以排除强制执行，判决驳回了我方的诉讼请求。

4. HRJS 诉 SZJY、HSQT 因股权投资事宜所引起争议的仲裁案（〔2019〕京仲案字第 1525 号仲裁案）

基于《股权投资事宜协议书》中的约定，HRJS 认为协议约定的条件已经成就，SZJY 与 HSQT 名下的宁波合伙企业的份额应当已归属于 HRJS。2019 年 4 月，笔者代 HRJS 向北京市仲裁委申请仲裁，SZJY 与 HSQT 为一致行动人，为阻碍仲裁程序的顺利进行，SZJY 通过多次邮寄送达退件、9 次选定仲裁员、申请中止仲裁程序、申请仲裁员回避、向法院申请确认仲裁协议效力等方式故意拖延仲裁程序。具体状况如下。

（1）SZJY 与 HSQT 滥用仲裁规则，故意拖延和破坏仲裁程序，严重侵犯 HRJS 的合法权益。

仲裁案件于 2019 年 4 月 8 日被北京市仲裁委受理，因被申请人 SZJY 与 HSQT 滥用仲裁规则，故意拖延和破坏仲裁程序，致使案件被拖延近两年时间仍未正常开庭，具体性形如下：①妨碍有关仲裁的文书、通知、材料等送达。从仲裁案件被受理以来的情况来看，被申请人 HSQT 能够收到北京市仲裁委寄送的有关仲裁的文书、通知、材料等，而在对被申请人 SZJY 实施公证送达后，SZJY 也能够与 HSQT 共同选定仲裁员。显而易见，被申请人 SZJY 与 HSQT 合谋，在知晓本案存在的情况下，实施妨碍送达的行为，故意拖延和破坏仲裁程序；仲裁被受理后，北京市仲裁委向被申请人 SZJY 发送仲裁通知，被屡次退件，以致最终采用公证送达方式。仅向被申请人发送仲裁通知就耗时 3—4 个月。②滥用选定仲裁员权利，妨碍组庭。基于商事仲裁的当事人意思自治原则，北京市仲裁委仲裁规则赋予当事人选定仲裁员的权利，且在选定的仲裁员拒绝接受选定或不能参加案件审理时，当事人有重新选定仲裁员的权利，以充分尊重和保护当事人的自主权。但被申请人 SZJY 和 HSQT 滥用选定仲裁员权利，通过拖延选定仲裁员、妨碍组庭等手段，故意拖延和破坏仲裁程序；其间，被申请人 SZJY 和 HSQT 通过选定大概率会拒绝接受选定的仲裁员、申请仲裁员回避等方式，导致长时间未能确定选定仲裁员，仅选定仲裁员就历经了 9 次选定程序。

（2）SZJY 和 HSQT 滥用诉讼程序，故意拖延和破坏仲裁程序，严重侵犯 HRJS 的合法权益。

SZJY 滥用仲裁规则，拖延仲裁案件的正常进行，导致直到 2020 年 11 月 10 日仲裁案件才被通知开庭；仅仲裁案件正常开庭阶段，SZJY 通过滥用仲裁规则就拖延了一年多的时间。眼见仲裁案件要被正常审理，SZJY 又通过滥用诉讼程序来阻碍仲裁的正常开庭。

首先，2020年11月3日，SZJY向法院提起了申请确认仲裁协议效力一案（〔2020〕京04民特738号），原本应于2020年11月10日开庭的仲裁程序被中止。2020年11月9日，SZJY又向法院提出撤回请求确认仲裁协议效力的申请。

其次，在SZJY撤回请求确认仲裁协议效力的申请后，北京仲裁委恢复了（〔2019〕京仲案字第1525号）仲裁案的程序，再次向各方发送了开庭通知，决定2020年12月22日开庭。2020年12月21日SZJY再次向法院提起了申请确认仲裁协议效力一案（〔2020〕京04民特816号），致使仲裁程序再次被中止。

再次，因在（〔2020〕京04民特816号）案件中SZJY未在规定期限缴纳诉讼费用，法院按SZJY撤回申请处理，北京仲裁委再次恢复了（〔2019〕京仲案字第1525号）仲裁案的程序，再次向各方发送了开庭通知，决定2021年2月22日开庭。

最后，2021年2月19日，SZJY的一致行动人HSQT又第三次向法院提起了申请确认仲裁协议效力，原本定于2021年2月22日开庭的仲裁案件又被迫进入中止程序。

从上述行为可见，SZJY及其一致行动人HSQT在法院几次提起申请确认仲裁协议效力案件的目的是阻碍仲裁案件的正常开庭。当事人的诉讼权利依法应予保护，但必须依法正确行使，不得滥用诉讼权利。SZJY多次因同一事实提起诉讼明显违背了诚实信用原则，属滥用诉权行为。

滥诉行为严重浪费了司法资源、扰乱了司法秩序，导致司法机关将大量的成本和精力用于处理无意义的缠诉之中，造成司法成本的不当增加。笔者认为司法审判作为公平正义的最后一道防线，在程序上具有终极性，如任由当事人缠诉、滥诉而不予规制，我国司法程序将形同虚设，司法审判作为定纷止争的公权功能将受到严重影响，司法权威也将遭受不当损害。

5. 变更合伙企业执行事务人

鉴于HSQT不履行合同约定的义务，且有损害HRJS合法权益的行为，

2020年HRJS向HSQT建议由其召开临时合伙人会议。2020年4月8日，HRJS由于未收到HSQT关于召集临时合伙人会议的答复，HRJS将电子邮件通知进行了EMS邮寄送达，并向公证处申请对邮寄送达的行为及过程办理保全证据公证。

截至2020年4月27日，HSQT未对HRJS进行任何回复。HRJS拥有合伙企业32 000万份额，占合伙企业总份额的69.56%，拥有代表三分之二以上表决权，HRJS符合《中华人民共和国合伙企业法》（以下简称《合伙企业法》）及《合伙协议》中担任临时合伙人会议召集人的规定。

由于HRJS与HSQT公司、SZJY、HSQT基金、SHDL存在送达障碍的问题，2020年4月27日，HRJS在报纸上刊登了《宁波合伙企业临时合伙人会议通知》，以报纸公告的方式向各合伙人发送了本次会议的通知，公告中载明了会议时间、召开方式、有权出席人员范围、会议审议的事项，以及联系电话和联系人姓名等。

2020年5月6日，HRJS向各合伙人的工商登记地址及已知的办公地址邮寄送达了《宁波合伙企业临时合伙人会议通知》，并向公证处申请对邮寄送达会议通知的行为及过程办理保全证据公证。

综上，经公证处公证：宁波合伙企业临时合伙人会议的召开过程及表决程序均符合宁波合伙企业《合伙协议》的相关规定，结果真实。基于临时合伙人会议有效决议，现HRJS变更为宁波合伙企业的执行事务合伙人，但前执行事务合伙人HSQT一直未向HRJS返还宁波合伙企业的公章及证照。

（三）我方观点

针对本案中法院判决驳回我方关于执行异议之诉的请求，笔者有如下的不同观点。

胡某申请执行的是其对HSQT的金钱债权，只是执行中为实现债权对HSQT名下的案涉5 001万份合伙份额采取了执行措施，不属于亦不涉及合伙份额交易，不适用外观主义。

《全国法院民商事审判工作会议纪要》引言部分指出，外观主义系民商法上的学理概括,并非现行法律规定的原则,现行法律只是规定了体现外观主义的具体规则。审判实务中应当依据有关具体法律规则进行判断,类推适用亦应当以法律规则设定的情形、条件为基础。从现行法律规则看,外观主义是为保护交易安全设置的例外规定,一般适用于因合理信赖权利外观或意思表示外观的交易行为。审判实务中要准确把握外观主义的适用边界,避免泛化和滥用。

而从一审判决来看,一审法院参照《最高人民法院关于人民法院办理执行异议和复议案件若干问题的规定》(以下简称《异议复议规定》)第二十五条第一款第四项和《中华人民共和国公司法》(以下简称《公司法》)第三十二条第三款之规定,对案涉合伙份额的强制执行,适用外观主义原则,已经突破外观主义的适用边界,构成对外观主义的泛化和滥用。其具体原因如下:

首先,《异议复议规定》是针对执行程序中案外人提出执行异议时如何处理的规定。由于执行程序需要贯彻已生效判决的执行力,在对执行异议是否成立的判断标准上,应坚持较高的、外观化的判断标准。而案外人执行异议之诉,系执行异议被驳回后案外人的权利救济途径,不再仅停留在外观化的判断上,应通过实体审理程序判断执行标的的归属,进而确定案外人的权利是否能够排除执行。显然,《异议复议规定》第二十五条第一款第四项之规定,仅为判断执行异议是否成立的标准,不能以此判断案外人在执行异议之诉中的请求是否成立,且其并非体现外观主义的具体规则。

其次,《公司法》第三十二条第三款规定,公司应当将股东的姓名或名称向公司登记机关登记;登记事项发生变更的,应当办理变更登记。未经登记或变更登记的,不得对抗第三人。从《最高人民法院关于适用〈中华人民共和国公司法〉若干问题的规定(三)》第二十七条股权善意取得之规定及外观主义原则的运用领域来看,第三十二条第三款的立法目的,系对股权交易或处分中相对方因信赖股权登记而与登记股东进行交易的行为予以保护,并不包括非交易第三人。且 BJSC 自始知晓案涉合伙份额系

HSQT 代持有，HSQT 对其不享有所有权。

(四) 案后结语

本案中的经历十分值得分享。案件中，对方管理人滥用仲裁规则、滥用司法规则拖延时间，以期赢得所谓的股权二级市场上升"空间"，给投资人维权退出带来了巨大挑战；投资人通过仲裁委员会申请仲裁、投诉沟通、多地多个法院参与诉讼、场外非诉手段开会罢免管理人、向托管券商发函、向基金业协会投诉等方式，上演了一场场法律大战，可谓投资人维权的经典案例。

二、私募股权投资基金权利主张的路径选择——赛瑞云峰案

(一) 案情简介

2016年1月,北京赛瑞云峰与张北云联签署协议,约定北京赛瑞云峰以增资的形式认购张北云联2 000万元新增注册资本,即北京赛瑞云峰持有张北云联2.857 1%的股权。北京赛瑞云峰支付全部增资款后,张北云联却并未在约定时间完成工商变更登记手续。

在此背景之下,张北云联进行了协调安排,由其原股东中国华阳投资控股有限公司(下称"华阳公司")与北京赛瑞云峰签署股权转让协议,约定华阳公司将其持有的张北云联1.13%的股权以790万元的对价转让给北京赛瑞云峰,并完成了公司变更登记,但北京赛瑞云峰支付的剩余1 210万元增资款所对应的股权还是未得到落实。2019年在后续双方的沟通中,张北云联向北京赛瑞云峰发出《企业询证函》,确认张北云联向北京赛瑞云峰欠款1 210万元。

结合本案案情,北京赛瑞云峰委托笔者向张北云联主张追回1 210万元欠款及相应的资金占用费。

(二) 对方观点

在本案仲裁过程中,张北云联方主要从以下几个方面对我方的诉求进行反驳。

1. 北京仲裁委员会对本案无管辖权

根据案涉合同第6条"争议解决"约定,仲裁管辖的时间是在争议发生之后60天内,由此排除了争议发生60日以后通过仲裁解决争议的方式。

在张北云联的协调安排下,2016年9月18日,北京赛瑞云峰获得了华阳公司持有的张北云联1.13%的股权并于2016年11月18日完成了工商变更登记,由此,北京赛瑞云峰认为争议发生的时间为2016年11月18

日。根据以上情况，按照本案合同约定，北京赛瑞云峰提起仲裁的时间，应当在其认为纠纷发生后 60 日内的 2017 年 1 月 17 日之前，北京赛瑞云峰提起仲裁的时间却是在争议发生后两年多的 2019 年 10 月 11 日，而仲裁机构在双方发生争议 60 日后对本案无管辖权。综上，北京仲裁委员会对本案没有管辖权，本案应该由人民法院诉讼管辖。

2. 张北云联方对于 1 210 万元的欠款性质不予认可

本项目因增资扩股产生方案变更，并且方案变更中涉及多个新增股东及已有股东的签字或内部程序，张北云联的工商变更一直在持续当中，本案合同目前仍然在履行，而不是终止或解除。北京赛瑞云峰提出的资金占用费也没有任何合同依据及其他法律依据，张北云联不应支付。

从根源上来讲，北京赛瑞云峰支付的 2 000 万元属于投资款，张北云联提供的《企业询证函》中列明的"贵公司欠"或"欠贵公司"等表述，为财务审计款项支付的统一表述，该等表述并不证明该款项属于欠款，该款项有可能是投资款项、服务款项或者其他任何款项。因此，张北云联认为此款项的性质仍然是投资款，而不能仅仅依据《企业询证函》里的"欠贵公司 1 210 万元款项"就定义为是欠款。

既然北京赛瑞云峰以增资扩股的形式投资张北云联，并支付了投资款，投资款项应当按照投资项目的标准及后期的业绩表现、盈利状况来计算投资收益，并不存在资金占用费或者利息的说法。

3. 对于北京赛瑞云峰提出的仲裁费用、律师费用、财产保全费用及保全责任保险费用的要求，张北云联不予认可

该等申请没有任何合同依据及法律依据，张北云联不应承担。另外，应该特别强调的是：北京赛瑞云峰提出的要求增加支付的律师费 10 万元，是因为增加财产保全而发生的，张北云联认为该费用支出太高，单单一个保全需要 10 万元的律师费用明显超过律师费规定的标准。因此，对该仲裁请求不予认可。

（三）我方观点

我方在仲裁过程中提出了如下的观点。

1. 本案应由北京仲裁委员会管辖

（1）"争议"的含义。根据本案合同第6.1条的约定，任何因本协议的解释或履行而产生的争议（以下简称"争议1"），均应通过友好协商加以解决，如协商未果，则任何一方有权在该等争议（以下简称"争议2"）发生后60天内，将争议（以下简称"争议3"）提交本会依据其届时有效的仲裁规则仲裁解决。

北京赛瑞云峰认为上述几个争议的含义不能做简单的等同，理由如下：

第一，从本案合同第6.1条的约定来看，争议1发生后应首先进行协商，协商不成的再行提起仲裁，因此"该等争议"（即争议2）应为经过协商程序后的争议。

从事实情况来看：2016年双方签订本案合同后，因被申请人未在约定时间（45个工作日）内完成工商变更登记手续，因此北京赛瑞云峰向张北云联主张权利，此时即发生所谓"争议1"。经协商，张北云联协调原股东华阳公司将其持有的1.13%的股权以790万元的对价转让给北京赛瑞云峰。2019年4月，张北云联通过《企业询证函》要求确认剩余的1 210万元款项的性质转变为欠款，北京赛瑞云峰盖章与张北云联达成合意。2019年9月25日，北京赛瑞云峰向张北云联寄送《敦促函》，要求张北云联在收到该函件后3个工作日内归还欠款，但其收函后直至2019年10月8日仍未归还欠款（中国邮政速递物流跟踪信息显示，张北云联已于2019年9月27日收到该函件），此时即发生"争议2"。

2019年10月11日，北京赛瑞云峰向北京仲裁委员会申请仲裁，即"争议3"。综合上述事实，只有当"争议1≠争议2且争议2=争议3"时，方符合双方行为体现的真实意思表示和实际情况。

第二，假设按照张北云联的观点，"争议"应于2016年11月18日（790万元对应的股权落实之日）发生，在此后60天内北京赛瑞云峰未向北京仲裁委提起仲裁的，北京仲裁委将丧失管辖权，即张北云联认为争议1=争议2=争议3。在这种假设下，本案合同约定的争议解决程序应为

"争议发生→协商→60 天内仲裁",因此争议发生时点应为张北云联未按约定时间(45 个工作日)完成工商变更登记手续时,而非 2016 年 11 月 18 日,否则无法解释自张北云联未按约定时间完成工商变更登记手续时起至 2016 年 11 月 18 日期间"协商"的性质,产生矛盾。

(2)北京赛瑞云峰提起仲裁未超过 60 日期限。自 2016 年双方签署本案合同后,双方的法律关系发生了多次变化。双方法律关系变化情况如下表 1-1 所示:

表 1-1 案例法律关系简表

时间	事 实	双方法律关系
2016 年 1 月	签署《增资扩股协议》,赛瑞云峰依约支付了 2 000 万元增资款,但张北云联未为赛瑞云峰办理增资程序	增资关系
2016 年 9 月	经张北云联协调,赛瑞云峰与张北云联原股东华阳公司签署《股权转让协议》,对价 790 万元	790 万元部分,赛瑞云峰已取得张北云联的股权 1 210 万元部分,始终处于张北云联控制之下,仍属增资关系
2019 年 4 月	张北云联向赛瑞云峰寄出《企业征询函》,要求确认 1 210 万元增资款为欠款;因多年无法落实增资款,赛瑞云峰只能接受了欠款定性	欠款关系

在 2016 年 1 月至 2019 年 4 月期间,由于北京赛瑞云峰为私募基金,其仍希望对张北云联进行股权投资,因此一直与张北云联沟通协商;2019 年 4 月,迫于投资者压力与张北云联就 1 210 万元转变为欠款达成合意后,北京赛瑞云峰与张北云联以及有关主体也一直处于协商过程中。2019 年 9 月 25 日,因长期协商未果,北京赛瑞云峰向张北云联发出催促函,明确要求张北云联归还 1 210 万元欠款。

根据前面的界定,双方提交仲裁的争议应指对于"欠款"的争议,该争议最早应于 2019 年 9 月 25 日发生，因此北京赛瑞云峰于 2019 年 10 月 11 日申请仲裁完全符合本案合同第 6.1 条的约定。

(3) 仲裁条款的有效性。根据《中华人民共和国仲裁法》（以下简称《仲裁法》）第十六条第二款，"仲裁协议应当具有下列内容：（一）请求仲裁的意思表示；（二）仲裁事项；（三）选定的仲裁委员会。"

本案合同第 6.1 条约定的争议解决条款符合《仲裁法》第十六条第二款的规定，因此应属有效。另对于"60 天内提交仲裁"的约定，最高人民法院在《最高人民法院关于润和发展有限公司申请不予执行仲裁裁决一案的审查报告的复函》（〔2008〕民四他字第 1 号）中认为，未明确约定协商期间的，其申请仲裁的行为视为协商不成的结果，从这个角度来看，申请人提起仲裁前均处于与被申请人协商过程中，争议解决条款当然未超过 60 天的期限。并且司法实践有观点认为：此约定应属督促双方尽快解决争议，不应仅以争议发生已超过 60 日再提起仲裁就认定仲裁协议无效或已失效。

综上所述，本案合同的仲裁条款有效，且北京赛瑞云峰提起仲裁未超过约定期限，因此本案应由本会管辖。

2. 本案合同已经变更

根据《中华人民共和国合同法》第三十二条规定，依法成立的合同，自成立时生效；第四十四条第一款规定，当事人采用合同书形式订立合同的，自双方当事人签字或者盖章时合同成立；第七十七条规定，当事人协商一致的，可以变更合同。

(1) 各方通过实际履行将 790 万元增资款转变为股权转让款。2016 年 1 月，双方签署了本案合同，第 1.1 条约定北京赛瑞云峰以 2 000 万元认购张北云联本轮增资的部分新增注册资本，增资完成后，张北云联注册资本增加为 70 000 万元，即北京赛瑞云峰持有 2.857 1% 的股权（对应出资额的 2 000 万元）；第 1.3 条约定，在协议签署后 45 个工作日内办理完毕工商登记备案手续，使北京赛瑞云峰成为张北云联登记在册的股东。但北京赛瑞云峰如约支付增资款后，张北云联未在约定时间内完成工商变更登记手续。

如前所述,张北云联通过安排原股东华阳公司将其持有的张北云联1.13%的股权以790万元的对价转让给北京赛瑞云峰。因此,就790万元增资款部分,双方通过实际履行变更了合同。

(2)双方合意将1 210万元变更为欠款。2019年4月20日,张北云联向北京赛瑞云峰发出《企业询证函》,在询证函中主动提出1 210万元款项性质为"欠贵公司",并相应备注为"其他应付款";北京赛瑞云峰收到询证函后,盖章确认并寄回,双方达成合意将本案合同中张北云联尚未落实的1 210万元款项性质变更为欠款。

综上所述,就北京赛瑞云峰支付的2 000万元增资款,双方通过实际履行将其中790万元转变为股权转让款,并合意将1 210万元转变为欠款。

3. 张北云联应向北京赛瑞云峰返还1 210万元欠款

因双方合意将1 210万元转为欠款,因此张北云联自然应当向北京赛瑞云峰返还。但由于双方未明确约定还款时间,因此根据《合同法》第二百零六条"对借款期限没有约定或者约定不明确,依照本法第六十一条的规定仍不能确定的,借款人可以随时返还,贷款人可以催告借款人在合理期限内返还"的规定,北京赛瑞云峰于2019年9月25日向张北云联发出《敦促函》,要求其在3个工作日内返还。

4. 被申请人应向申请人支付资金占用费

根据《中华人民共和国物权法》第一百一十六条第二款的规定,"法定孳息,当事人有约定的,按照约定取得;没有约定或者约定不明确的,按照交易习惯取得"。

资金在被使用或被占用过程中的占用费应属法定孳息,应当获得偿还。在司法实践中,这一观点获得了最高人民法院认可。

北京赛瑞云峰就1 210万元款项性质变更为欠款与张北云联达成合意,但由于当时事发突然,北京赛瑞云峰没有时间进行内部决议或与张北云联协商确定有关资金占用费或利息的约定。在此情形下,由于北京赛瑞云峰是投资机构,其资金必然存在时间价值,按照投资活动的一般交易习惯,这部分时间价值（无论是资金占用费、利息还是其他形式）应获得补偿；且由于张北云联未按本案合同的约定履行义务在先，存在过错，同时又长期占用北京赛瑞云峰支付的款项，其支付资金占用费合法合理。

因此北京赛瑞云峰认为，张北云联应向北京赛瑞云峰支付资金占用费用直至张北云联完全偿还欠款之日，资金占用费的计算方式为：根据中国人民银行2015年发布一至五年期贷款基准利率以及贷款市场报价利率（LPR），自2016年3月21日开始起算。

5. 支付律师费、财产保全费用、保险费及其他费用的依据

根据《最高人民法院关于适用〈中华人民共和国合同法〉若干问题的解释（二）》第二十一条的规定，"债务人除主债务之外还应当支付利息和费用，当其给付不足以清偿全部债务时，并且当事人没有约定的，人民法院应当按照下列顺序抵充：（一）实现债权的有关费用；（二）利息；（三）主债务"。

因此尽管双方没有对律师费、财产保全费用、保险费、仲裁费等有关实现债权的费用进行约定，但张北云联应当向赛瑞云峰支付上述费用。

（四）案件结果

仲裁庭认为，针对剩余1 210万元增资款的处理方式，通过被申请人向申请人发出《企业询证函》，以及申请人对《企业询证函》盖章确认并寄回被申请人，双方当事人已经将1 210万元视为被申请人对申请人的欠款。关于否认达成上述合意的答辩意见，被申请人没有提交证据予以证明，仲裁庭不予支持。基于上述分析，仲裁庭支持申请人要求被申请人返还1 210万元款项的仲裁请求。最终裁决张北云联向北京赛瑞云峰支付欠款1 210万元，并向北京赛瑞云峰支付以1 210万元本金为基数，自2019年4月20日起至实际偿付之日止，按照中国人民银行同期贷款利率计算的资金占用费及相关费用。

（五）案后结语

本案裁决已经得到完整执行，但回顾办案过程，还是有许多经验值得分享的。其一，作为管理人，设计交易结构时一定要考虑对方的履行能力，形式上的风险控制架构并不能解决一些实际问题。其二，律师代理客户办案，要多角度论证，要充分论证各种途径的可行性，这里的可行性不但包括法律上的可行性，还包括未来执行的可行性。其三，律师需要对客户做好充分的风险提示，仅口头表述有时候是不够的，需要书面提示，做好过程管理。

三、企业实际控制人通过"股权转让+回购"为企业融资案——芜湖隆华案

(一) 案情简介

2014年8月,芜湖隆华投资中心(以下简称"芜湖隆华")与富美集团公司、李某某、章某某签署了《融资服务协议》,约定芜湖隆华为富美集团公司提供融资服务,由富美集团公司向芜湖隆华支付融资服务费,富美集团公司实际控制人李某某及其配偶章某某在富美集团公司未按时足额支付融资服务费时,两人应就欠付部分按照每天0.1%的费用支付违约金至实际清偿之日。同时,上述几方主体又签署了《股权转让协议》,约定李某某将其持有的富美集团公司10%的股权转让给芜湖隆华,转让价款为6 000万元,芜湖隆华支付了转让价款并办理了股东变更登记手续。

同月,上述几方主体还签订《股权回购协议》,约定:自股权转让价款支付至指定监管账户之日起满三个月的当日(即2014年11月21日),李某某无条件回购标的股权。

2014年8月,芜湖隆华与济南能投公司(以下简称"济南能投")、李某某、富美集团公司另签订《远期收购协议》,约定:根据前述《股权转让协议》《股权回购协议》,芜湖隆华以6 000万元价格受让李某某持有的富美集团公司10%的股权,李某某应当按照协议的约定回购上述股权,济南能投同意在李某某未履行或未全部履行上述支付义务时,根据芜湖隆华的书面通知,收购芜湖隆华持有的富美集团公司全部或部分股权,收购日为济南能投收到书面收购通知之日起的第三个工作日,如济南能投未按照协议约定足额支付股权回购款,应就未支付部分按每天0.1%的费用支付违约金至实际付清之日。

之后,因李某某未按照《股权回购协议》的约定于2014年11月21日回购芜湖隆华持有的富美集团公司10%的股权,芜湖隆华向济南能投发出履行义务告知函,要求济南能投在收到函件之日起第三个工作日履行股权

收购义务，济南能投于2014年11月26日签收了上述告知函。

芜湖隆华因行使回购权利受阻特委托笔者进行维权，要求济南能投足额支付股权收购款6 000万元，以及李某某因违反股权回购义务约定应向隆华投资中心支付的违约金。

（二）管辖权异议

笔者在接受芜湖隆华委托后按照《远期收购协议》第8.2条约定向北京市第二中级人民法院提起了诉讼。合同各方约定争议由合同签署地有管辖权的人民法院管辖，同时该协议对合同签订地仅约定为"北京"。截至上述《远期收购协议》签署的2014年8月，北京市共有一个高级人民法院、三个中级人民法院及十余个基层人民法院，因协议约定的管辖法院不明确，导致济南能投以此为由提起了管辖权异议。

被告提出，根据《民事诉讼法》第二十三条规定，应该由被告住所地或者合同履行地人民法院管辖，上述《远期收购协议》所约定股权转让的标的公司富美集团公司的注册登记地为山东省济南市，因此，该协议履行地应该为山东省济南市，且被告住所地也为山东省济南市，因此本案应该由济南市中级人民法院管辖。

经笔者与北京市二中院进行沟通，北京市二中院认为，由于本案的标的额为6 000多万元，按照级别管辖的规定，应由北京市中级人民法院管辖，但在各方签署《远期收购协议》时北京已有三个中级人民法院并且在芜湖隆华起诉时仍无法确定应由北京哪个中级人民法院管辖。综上，各方的管辖约定不明，应按照民事诉讼法的相关规定确定管辖法院。因各方约定的合同履行地是安徽省芜湖市，且芜湖隆华申请将本案移送安徽省芜湖市中级人民法院管辖，最终该案被移送至安徽省芜湖市中级人民法院审理。

（三）诉讼过程中各方观点

1. 对方观点

济南能投在诉讼过程中主要提出了如下观点。

案涉《远期收购协议》未生效。济南能投公司唯一的投资主体是济南市发展和改革委员会，属国有独资公司，受国有资产监督管理机构监督和管理。依据《中华人民共和国合同法》、《中华人民共和国企业国有资产法》、《企业国有资产监督管理暂行条例》以及《济南市国有企业投资监督管理暂行办法》的规定，案涉《远期收购协议》涉及国有独资公司重大交易，需经国有资产监督管理部门审批，未经批准，该协议未生效。芜湖隆华作为专业的投资机构，应当熟知相关规定，其未与济南能投公司共同办理审批手续，应承担案涉协议未生效的法律责任。

2. 我方观点

（1）芜湖隆华与济南能投签订的《远期收购协议》合法有效，济南能投应严格按照合同约定，履行股权收购义务。

2014年8月，芜湖隆华与李某某、富美集团公司以及济南能投签订《股权回购协议》以及《远期收购协议》，当李某某未按照《股权回购协议》约定按时足额向转让方支付股权回购款且芜湖隆华向济南能投发出书面收购通知时，济南能投就应无条件收购标的股权。该交易模式是各方在真实意思表示前提下为富美集团公司进行融资而达成的合意，并不违反任何法律规定。在日常商事活动中，利用股权进行融资是企业常见的融资形式，此融资方式亦得到最高院判决的认可。最高人民法院（〔2013〕民二终字33号）判决认为，"股权协议转让、股权回购等作为企业之间资本运作形式，已成为企业之间常见的融资方式。如果非以长期牟利为目的，而是出于短期融资的需要产生的融资，其合法性应予承认"。最高人民法院（〔2009〕民申字第1068号）判决认为，"案涉合同名称为《股权转让和项目合作合同》，……但在现实经济生活中，通过借款解决资金困难非唯一方式，当事人还可通过转让股权（权益）等方式筹资"。另外，2015年9月1日起生效的《最高人民法院关于审理民间借贷案件适用法律若干问题的规定》认为："法人之间、其他组织之间以及它们相互之间为生产、经营需要订立的民间借贷合同，除存在合同法第五十二条、本规定第十四条规定的情形外，当事人主张民间借贷合同有效的，人民法院应予支持。"因此，无论如何，《远期收购协议》都合法有效，其设定的济南能投收购股权的触发条件应得到法律的支持和认可，济南能投应按约履行义务。

（2）芜湖隆华向济南能投转让该股权已经书面通知其他股东并取得其他股东同意，芜湖隆华未侵犯其他股东的优先购买权，《远期收购协议》可正当履行。

首先，股东向其他股东之外的第三人转让股权，无须召开股东会表决通过。具体原因如下。

第一，按现行《公司法》，股东会决议并非股权转让事项的必经程序，不经股东会决议，股东向第三人转让股权的行为亦可发生效力。

《公司法》第七十一条规定："股东向股东以外的人转让股权，应当经其他股东过半数同意。股东应就其股权转让事项书面通知其他股东征求同意，其他股东自接到书面通知之日起满三十日未答复的，视为同意转让。"从该条规定看，《公司法》只要要求股东在向第三人转让股权时应征得其他股东过半数同意，而征求同意的方式只是书面通知，并非一定要召开股东会。而《公司法》第三十七条第一款规定的股东会十一项职权也并不包括"向股东之外的第三人转让股权"。该条第二款也规定"对前款所列事项股东以书面形式一致表示同意的，可以不召开股东会会议，直接作出决定，并由全体股东在决定文件上签名、盖章"。因此，无论是从表决内容还是从表决形式看，召开股东会并非股东向第三人转让股权的必备要件。另外，通过纵向比较历次《公司法》的修订情况，也可得出上述结论。1999年修订的《公司法》第三十八条规定股东会职权共有12项，其中明确包括"对股东向股东以外的人转让出资作出决议"，而在2005年以后的修订版，该条明确被删除，而是增加"公司章程规定的其他职权"的条款。从立法的变更也可以看出召开股东会已经并非股东向第三人转让股权的必经程序，而是应尊重公司治理自治，由公司章程决定哪些事项由股东会讨论决定。

第二，目标公司富美集团公司章程并未就股权转让作出任何特殊规定，芜湖隆华向济南能投转让股权只需书面通知其他股东即可。

《公司法》七十一条第四款规定："公司章程对股权转让另有规定的，

从其规定。"目标公司富美集团公司章程就股权转让事宜并未做任何特殊规定,芜湖隆华并不需要就股权转让事宜专门召开股东会征求其他股东意见,芜湖隆华只需要按照《公司法》第七十一条第二款规定,书面通知其他股东即可,其他股东自接到书面通知之日起满三十日未答复的,视为同意转让。另在甘肃省高院(〔2014〕甘民二终字第100号)王某某与嘉峪关嘉恒房地产公司等股权转让纠纷上诉案中,甘肃高院认为,"公司章程约定对外股权转让应经股东会批准,实际虽未召开股东会,但股东履行相关通知义务并实质上已经达到股东会批准的效果,亦为有效"。司法实践中确实存在重决议内容轻决议形式的倾向。因此,是否召开股东会决议,并不构成济南能投收购股权的法律障碍。

其次,芜湖隆华通过公证邮寄以及登报公告的方式书面征求其他股东意见,由此,芜湖隆华已经履行《公司法》规定的应尽义务,应当视为其他股东同意该股权转让。

第一,芜湖隆华已经向其他股东邮寄《股权转让通知书》并办理公证,回单显示"已签收",其他股东未明确回复意见,应视为同意该股权转让。

本案中,根据各方之间约定,首先应承担股权收购义务的主体为李某某,当李某某未履行回购义务时,济南能投承担收购义务。2014年11月21日,芜湖隆华分别向李某某、济南能投发送《关于要求李某某履行回购义务告知函》和《关于要求济南能投履行收购义务告知函》,两封告知函列出的股权价格、付款条件完全一致。2014年11月26日李某某签收该文件,作为持股比例79.875%的大股东,李某某在接到芜湖隆华书面通知后始终未答复,应当视为其同意济南能投收购该股权。

第二,为书面通知其他股东,芜湖隆华分别于2015年11月17日向杨某某、张某某,2016年3月31日向王某某各邮寄两套《股权转让通知书》,邮寄地址分别为目标公司富美集团公司的地址以及三位股东户籍所在地,上述邮寄事宜已经办理公证。经查询回单了解到,寄给王某某户籍所在地的《股权转让通知书》显示"本人已签收",寄给张某某的邮件显示"单位代收",寄给杨某某的邮件显示被退回;但寄往富美集团公司的三套《股权转让通知书》都显示已经签收,签收人均为"李某某"。基于此,我司有充足的理由认定本案其他股东已经收到我司的书面通知,但其始终未回复意见,应认定为其他股东已经同意济南能投收购该股权。退一步讲,即使济南能投主张按照杨某某户籍地址邮寄,而其未收到股权转让的书面通知,但是按照各自的持股比例,李某某 79.875%,王某某 10.01%,张某某 0.015%,杨某某 0.1%,已书面通知其他股东的总持股比例为 89.9%,已超过其他股东的半数。因此,该股权转让已经其他股东同意。

第三,在人民日报、齐鲁晚报登载《股权转让公告》进一步证明芜湖隆华已经履行书面通知其他股东义务。

下面进一步证明芜湖隆华已经履行书面通知其他股东,以及通知其他股东行使优先购买权的义务。芜湖隆华于 2016 年 4 月 8 日通过《人民日报》以及《齐鲁晚报》以发布公告的形式书面征求其他股东意见,并通知其他股东行使优先购买权,公告期 90 天。参照法院公告送达期限,60 天视为通知送达;同时,《公司法》规定,"其他股东自接到书面通知之日起满三十日未答复的,视为同意转让"。现公告期已满,其他股东仍未就股权转让作出明确答复,应视为其他股东已经同意该股权转让并放弃优先购买权。在([2012]苏商外终字第 0004 号)案件中,江苏高院认为:"转让方向其他股东发出股权转让通知,要求其就是否同意转让及是否行使优先购买权予以回复。该通知后因其他股东迁移新地址被退回,转让方又将上述股权转让通知在《江苏法制报》上公告,其他股东仍未就通知所涉问题给予答复,应认定转让方股东已经履行书面通知义务,其他股东已经放弃优先购买权,案涉《股权转让合同》未侵犯其他股东的优先购买权,合法有效。"

在《公司法》未规定股东向第三人转让股权必须召开股东会,且股东之间因诉讼导致无法正常召开股东会、其他股东拒不配合的前提下,芜湖隆华通过向目标公司以及其他股东户籍所在地邮寄《股权转让通知书》,

并进一步通过全国以及山东省有影响力的媒体公告该股权转让事宜。从2014年11月起，在长达将近两年的时间内，芜湖隆华已经履行以能够通知的方式进行通知的义务，若济南能投仍抗辩原告未书面通知其他股东，实属强人所难，也与目前商事裁判"鼓励交易，尽量使合同能够履行"的理念相违背。

再次，芜湖隆华已经履行通知的义务，并未侵犯其他股东的优先购买权。若其他股东认为芜湖隆华侵犯了其优先购买权，可依《公司法》和《合同法》，请求法院撤销《股权远期收购合同》；在其他股东未行使撤销权前，济南能投不得拒绝履行合同义务。

如前所述，芜湖隆华已经按照《公司法》的要求履行通知义务，其他股东未做出明确回复，应视为同意转让并放弃优先购买权，由此芜湖隆华并未侵犯其他股东的优先购买权。再退一步讲，即使其他股东主张未收到该书面通知，其优先购买权遭到破坏，其所侵害的仅仅是其他股东的利益，而非社会公共利益，因此，只要当事人之间意思表示是真实的，就不应轻易否定股权转让合同的效力。为此，法律也规定了其他股东权利救济的方式——行使撤销权。在其他股东拒不行使撤销权的前提下，作为股权转让受让方的济南能投当然不能以此规避收购义务。因为法律设立其他股东优先购买权制度的初衷是考虑到有限公司"人合性"特点而对其他股东进行特殊保护，而并非通过该项制度限制股权的自由转让，更非保护股权受让方"恶意"违反合同约定并成为故意违约的正当理由。

目前我国《公司法》并未明确规定侵犯其他股东优先购买权的股权转让行为的效力，但是根据《最高人民法院关于审理外商投资企业纠纷案件若干问题的规定（一）》第十二条第一款规定："外商投资企业一方股东将股权全部或部分转让给股东之外的第三人，其他股东以该股权转让侵害了其优先购买权为由请求撤销股权转让合同的，人民法院应予支持。其他股东在知道或者应当知道股权转让合同签订之日起一年内未主张优先购买权的除外"；该条第二款规定："前款规定的转让方、受让方以侵害其他股东优先购买权为由请求认定股权转让合同无效的，人民法院不予支持"。

在股权转让侵犯其他股东优先购买权的前提下，该规定明确两点：一是其他股东可以请求法院撤销股权转让合同；二是股权转让的转让方与受让方提出转让合同无效不予支持。

另外，一些地方高院已经出台相关规定，明确若股权转让侵犯其他股东的优先购买权，其他股东应申请法院撤销股权转让合同。如《山东省高级人民法院关于审理公司纠纷案件若干问题的意见》第四十五条规定："股东未按照《公司法》第七十二条第一款的规定征得其他股东过半数同意而向非股东转让股权的，其他股东可以申请人民法院撤销股权转让合同。"《江西省高级人民法院关于审理公司纠纷案件若干问题的指导意见》第三十六条规定："股东未按照《公司法》第七十二条第二款的规定征得其他股东过半数同意而向非股东转让股权的，公司或其他股东可以申请人民法院撤销股权转让合同。公司章程对此另有规定的，从其规定。"

结合上述规定，芜湖隆华认为，本案中其他股东的优先购买权并未受到侵害。在长达两年多时间内，芜湖隆华已通过多种方式告知其股权转让事宜，但其他股东一直未主张优先购买权。即使本案中，法院依法判决济南能投收购芜湖隆华股权，其他股东事后认为侵犯其优先购买权，法律也已经赋予其权利救济的方式，其可在知道或者应当知道股权转让事实一年内提起撤销《股权远期收购合同》。因此，为维护正常的商事交易秩序，其他股东的优先购买权不构成本案的法律障碍。

（3）济南能投先支付股权转让款，完成股权收购义务后，芜湖隆华配合其办理工商变更手续，是双方之间事先达成的交易安排，该交易模式不违反法律强制性规定，应得到法律支持，法院可直接判决济南能投支付股权转让款后，芜湖隆华承担股权变更义务，若芜湖隆华拒不办理，济南能投可申请强制执行。

本案中，《远期收购协议》第1.5条（收购后续事项）规定："收购方收购义务履行完毕，转让方应配合受让方办理工商变更登记。"该约定是双方关于股权交易的自主安排，正如货物买卖合同，买卖双方既可以约定先付款后交货也可以约定先交货后付款，无论采用哪种交易模式都应尊重当事人的意思自治,若济南能投支付股权转让款后芜湖隆华拒不配合办理工商变更登记,济南能投可起诉要求芜湖隆华变更。同时为减少诉累,贵院也可在本案中直接判决芜湖隆华承担办理股权变更义务,该判决内容具有可执行性。最高人民法院《关于加强信息合作规范执行与协助执行的通知》第十六条规定:"人民法院强制转让被执行人的股权、其他投资权益,完成变价等程序后,应当向受让人、被执行人或者其股权、其他投资权益所在市场主体送达转让裁定,要求工商行政管理机关协助公示并办理有限责任公司股东变更登记。"

3. 法院裁判观点

依法成立的合同受法律保护,当事人应当按照合同的约定履行其合同义务。本案中,隆华投资中心(即芜湖隆华)与济南能投、李某某、富美集团公司签订的《远期收购协议》系当事人的真实意思表示,无违反法律法规之处,属于有效合同,由此,济南能投应当于2014年11月30日按约收购隆华投资中心持有的富美集团公司10%的股权。

根据隆华投资中心与李某某等人签署的《股权回购协议》,李某某未按照协议约定履行回购义务的,其违约金应当按照每天0.1%支付至实际清偿之日。实际清偿之日不确定,违约金具体数额亦无法确定。而根据《远期回购协议》的约定,股权收购价格为:融资款6 000万元与李某某应承担的违约金之和,如济南能投未能按照此协议履行收购义务,需就股权收购价款另行按照每天0.1%承担违约金,因此会产生以违约金为基数再计算违约金的情况;而由于李某某所应承担的违约金尚不能确定,导致济南能投所应承担的违约金事实上无法计算,案涉《远期收购协议》约定的违约金条款事实上无法履行,且按每天0.1%的标准计算违约金,明显过高,酌情调整为按月利率2%计算违约金。故济南能投应当向隆华投资中心支付6 000万元股权转让款并自2014年11月22日起按月利率2%支付违约金至实际清偿之日。

(四)案件结果

法院依照《中华人民共和国合同法》第四十四条、第六十条,《中华人民共和国公司法》第七十一条规定，判决济南能投于判决生效之日起十日内收购隆华投资中心持有的富美集团公司10%股权并向隆华投资中心支付股权转让款6 000万元，以及支付从2014年11月22日起按月利率2%支付违约金至实际清偿之日。

（五）案后结语

本案从判决书来看，行云流水，波澜不惊；而在当时而言，企业实际控制人通过"股权转让+回购"模式为企业融资的方式是否有效是存在争议的，我们检索的最高法院公报案例也出现过相反的裁判观点。同时，我们所担心股权回购程序问题，并没有成为本案关注的焦点。

四、投资入伙目的无法实现,投资人要求解除合伙协议退款——王某某合伙案

(一) 案情简介

2014年1月,王某某与昌某、北京中金赛富投资基金管理有限公司签订了《合伙协议》;之后,王某某按约定出资100万人民币成为合伙企业的有限合伙人,并确定了合伙企业的投资项目及投资人的收益条款。事后王某某并未按期获得收益,在向相关人员索要应分配收益的过程中也总是被以各种理由拒绝。在此情况下,王某某委托笔者进行维权,笔者在对合伙企业进行调查的过程中发现如下情况:第一,合伙企业并未为王某某办理入伙的工商登记;第二,北京中金赛富投资基金管理有限公司实际上并不是合伙企业的有限合伙人;第三,《合伙协议》在当时并没有经过全体合伙人签字同意等。《合伙协议》的多数条款未予履行且合伙企业的实际投资情况与当时约定不一致,王某某的投资款去向不明。

基于此背景,王某某委托笔者要求解除《合伙协议》并退还全部投资款。

(二) 我方观点

我方在结合证据材料的基础上提交仲裁申请书,主要观点如下。

《合同法》第九十四条规定:有下列情形之一的,当事人可以解除合同:(一)因不可抗力致使不能实现合同目的;(二)在履行期限届满之前,当事人一方明确表示或者以自己的行为表明不履行主要债务;(三)当事人一方迟延履行主要债务,经催告后在合理期限内仍未履行;(四)当事人一方迟延履行债务或者有其他违约行为致使不能实现合同目的;(五)法律规定的其他情形。

《合同法》第九十七条规定:合同解除后,尚未履行的,终止履行;已经履行的,根据履行情况和合同性质,当事人可以要求恢复原状、采取其他补救措施,并有权要求赔偿损失。

1. 被申请人吕某及北京中金赛富投资基金管理有限公司严重违反"诚实信用原则",存在根本违约行为

在《合伙协议》的签订及履行上,两被申请人存在如下根本违约行为。

第一,案涉《合伙协议》未经北京中金赛富投资管理中心(有限合伙)全体合伙人签字、盖章同意,未生效;工商登记也未将王某某变更为北京中金赛富投资管理中心(有限合伙)的合伙人。因此,王某某并未成为北京中金赛富投资管理中心(有限合伙)的合伙人。《北京中金赛富投资管理中心(有限合伙)合伙协议》第十三条规定:新合伙人入伙时,需经全体合伙人同意,并依法订立书面协议。但案涉《合伙协议》仅有吕某和北京中金赛富投资基金管理有限公司签字盖章同意,且北京中金赛富投资基金管理有限公司并非北京中金赛富投资管理中心(有限合伙)的合伙人。案涉《合伙协议》签订时,北京中金赛富投资管理中心(有限合伙)包括普通合伙人吕某、有限合伙人北京世纪方舟资本管理中心(有限合伙)以及其他23位自然人有限合伙人。换句话说,案涉《合伙协议》仅有吕某一人的同意,而《北京中金赛富投资管理中心(有限合伙)合伙协议》也并未赋予吕某单独决定新合伙人入伙的权利。截止至今的工商登记也未将王某某变更为北京中金赛富投资管理中心(有限合伙)的合伙人。

第二,《合伙协议》第九章第一条约定"满6个月分配收益",但实际上从未对王某某进行分配。

第三,《合伙协议》第十章第四条约定由财富时代投资担保有限公司为王某某出资及收益进行连带责任担保,而王某某未得到任何担保文件。经实地考察,该担保人在经营地址并没有开展营业。

第四,《合伙协议》第八章约定投资的领域是北京动平衡广告有限公司股权及其他拥有垄断资源的优质企业,而王某某并未被告知实际投资情况,相关投资去向不明。

2. 王某某合同目的已经无法实现,应申请解除《合伙协议》并请求赔偿相关损失

(1) 王某某的入伙目的。根据案涉《合伙协议》,王某某的入伙目的主要有三:

第一,获取投资收益且能够及时分配收益。根据案涉《合伙协议》第九章第一条,"有限合伙企业经营十二个月时投资净收益率为11%,满六个月分配收益",可以得出王某某的入伙目的。

第二,较为安全的获得投资收益,这一点也是王某某非常重视的。北京中金赛富投资基金管理有限公司是注册资本高达1亿元的投资公司,可以合理推断其投资参与的项目风险较小;投资的领域是北京动平衡广告有限公司股权及其他拥有垄断资源的优质企业,此约定进一步减小了王某某的投资风险。

第三,退伙机制较为灵活。按约定,入伙12个月后即可退伙并获得相应的收益回报。按照合理预测,王某某于2014年1月14日签订入伙协议及付款,可以从2015年1月15日起申请退伙并带走相关收益。

(2) 由于对方严重的违反诚实信用原则的行为,以及发生了较大的情势变更,导致王某某入伙目的完全落空,已经无法采取其他补救措施。

案涉《合伙协议》第十一章约定:遇到下列情形之一,合伙人可以退伙:发生合伙人难以继续参加合伙企业的事由以及其他合伙人严重违反合伙协议约定的义务。本案中,虽然申请人实际上并未入伙,但是已经出现了"退伙"的约定事由,具体如下。

第一,在《合伙协议》的履行上,王某某本人多次索要收益和出资证明均未果。北京中金赛富投资基金管理有限公司没有依约定办理工商登记,也没有及时进行信息披露,投资方式亦与约定不符;而对于北京中金赛富投资基金管理有限公司的以上违约事实,王某某要求采取补救措施落实,但对方以各种理由搪塞,拒绝履行合同义务。结合签约之时严重违反诚实信用原则的情况,王某某入伙的人合性基础已然丧失,已经无法采取其他补救措施。

第二，截止提起申请之日，北京中金赛富投资管理中心（有限合伙）并未对北京动平衡广告有限公司进行股权投资，也未对其他适格公司进行股权投资，资金去向不明。

第三，截止提起申请之日，被申请人未按约定向王某某就合伙企业的经营、财务状况进行定期披露，也未依约定每六个月分配一次利润。

第四，如果允许通过补救的方式使得王某某成为北京中金赛富投资管理中心（有限合伙），那么入伙协议允许的自由退伙时间明显将远远晚于王某某签约时预测的2015年1月15日，而这和王某某签订入伙协议时的真实意思表示明显不一致。

第五，王某某签订案涉《合伙协议》之时，北京中金赛富投资管理中心（有限合伙）共有合伙人25名，后期添加"李某某"自然人合伙人一名，而李某某的入伙行为是在王某某签订案涉入伙协议之后发生的。

如上所述，有限合伙企业的经营状况已经与王某某入伙时的经营情况完全不同，如登记合伙人不同、投资交易模式不同、预期收益无法落实、普通合伙人不断违约等，这些状况不仅客观上导致王某某入伙目的完全落空，而且主观上王某某已经对对方管理能力丧失信心，合伙人合伙基础丧失，王某某继续合伙的意愿全无。

（三）案件结果

在笔者代王某某向北京仲裁委员会申请仲裁之后，被申请人吕某与北京中金赛富投资基金管理有限公司都曾试图与我方进行调解，本案最终由双方达成了和解协议，由此王某某的出资款、投资收益及相应的违约金等费用全部得以返还。

（四）案后结语

该案是我们团队早期处理的基金投资仲裁案例，案件标的额虽小，但案件很有特点，投资程序、交易结构、风控措施、投资项目等方面都存在严重问题（甚至有些行为有欺诈嫌疑）；此外，投资人也非专业投资人，整体操作比较粗糙。同时，本案也直接体现了管理人的素质问题。尽管基金业协会严格监管已使私募基金管理人市场在不断出清，但管理人的专业能力仍需提高。私募基金对募、投、管、退都有严格专业的要求,投资人需要慎重。

(五) 类似案例拓展

此处我们来看一件类似的案例。李某某系 A 公司及 B 合伙企业的实际控制人。2019 年 6 月,李某某对外介绍说:A 公司为芯片研发商,具有较大的投资前景,近期将会上市。基于此,杨某某与李某某及 A 公司商议,决定向杨某某 A 公司投资 650 万元。之后,A 公司向杨某某发送了《入伙协议》等相关文件,要求杨某某通过其设立并实际控制的投资通道 B 合伙企业入股。之后,杨某某即按照 A 公司的安排与李某某、B 合伙企业签署《入伙协议》,约定杨某某投资 650 万元,通过 B 合伙企业间接持有 A 公司股权;并同时约定:如果杨某某出资到位之日起 2 年内 A 公司未实现上市,则退还杨某某全部出资款,并按照 8% 年利率支付投资收益。

上述协议签订后,杨某某向 B 合伙企业账户汇款 650 万元。但现杨某某通过查询 A 公司工商档案发现:B 合伙企业并未登记为 A 公司股东;A 公司 2020 年 6 月 30 日净资产为 -10 733.82 元,李某某需向 A 公司的第二大股东支付业绩补偿款 7 000 余万元。A 公司根本不可能在 2021 年 9 月前实现上市目标,为此,杨某某多次向 A 公司及李某某提出退还投资款项,但截至 2021 年 1 月 12 日,杨某某仅收到退款 10 万元。

杨某某认为,投资款支付已近一年半,杨某某未能直接或间接持有 A 公司股权,故其投资 A 公司的目的未能实现,且 A 公司严重亏损的情况已表明 A 公司无法上市,李某某负巨额债务的情况亦表明李某某无法履行合同主要义务,因此杨某某委托笔者要求解除双方的投资合同,并要求对方退还款项及投资收益。

截至本书成稿时,案件没有结束,这个案子与上述王某某案例似曾相识,虽然其中的法律关系及具体细节有所不同。本案中,入伙协议在组织架构上既有受《合伙企业法》调整的合伙合同内容,也有受《民法典》调整的民事合同内容,体现了一定的复杂性。

五、基金层面和底层资产层面双重对赌机制与投资退出案例——恒信财富案

（一）案情简介

2016年，恒信财富公司与金刚游戏公司、银河瑞达公司三方共同签署《框架协议书》，约定由恒信财富公司与银河瑞达公司作为基金管理公司，合作设立私募基金，进而参与金刚游戏公司股份定增事宜；具体安排如下：恒信财富公司代表恒信财富永丰一号私募投资基金作为有限合伙人（LP）投资北京博鸿达投资中心，银河瑞达公司为普通合伙人（GP），通过博鸿达投资中心对金刚游戏开展私募股权投资。

在上述过程中，为保证永丰一号安全退出及投资利益实现，李某某作为金刚游戏公司的实际控制人为本次投资提供了双层保障。第一层保障是与代表永丰一号的恒信财富公司签署了《承诺协议书》，承诺到期回购合伙企业份额；第二层保证是与博鸿达签署了《定向增发相关事宜之协议书》，承诺到期回购股份。

2017年11月29日投资期限满一年之日时，恒信财富公司获悉金刚游戏公司没有实现借壳上市或IPO的允诺（以被借壳公司是否发布重组公告或证监会受理金刚游戏公司的IPO转板申请为准）。

恒信财富公司认为已触发《承诺协议书》约定的回购条款，委托笔者向李某某、银河瑞达公司、金刚游戏公司及博鸿达投资中心提起诉讼，要求按照协议约定实现退出，并要求李某某按照协议约定履行股份回购义务。

（二）对方观点

1. 李某某的答辩

本案在诉讼过程中，李某某提出的答辩观点如下：

（1）恒信财富公司与本案无直接利害关系，其起诉不符合受理条件，应裁定驳回。《中华人民共和国民事诉讼法》（以下简称《民事诉讼法》）第一百一十九条第一款第（一）项规定：原告应是与本案有直接利害关系

的公民、法人和其他组织。恒信财富公司起诉称其要求按照协议约定实现退出，并要求李某某按照协议约定履行股份回购义务，但争议所涉股份实际上是博鸿达中心所持有的金刚游戏公司的股份，其股份所有权人、利害关系人是博鸿达中心，而非恒信财富公司。恒信财富公司作为与博鸿达中心相互独立的企业法人，与博鸿达中心所有的股份无直接利害关系，其起诉不符合《民事诉讼法》规定的起诉条件，依法应裁定驳回起诉。

（2）恒信财富公司要求李某某支付投资本金5 000万元及投资收益和违约金后，将恒信财富公司所持有博鸿达中心的合伙份额转让给李某某，该请求缺乏基本实体权利基础和事实、法律依据，理由如下：

第一，《中华人民共和国合伙企业法》（以下简称《合伙企业法》）第二十二条第一款规定："除合伙协议另有约定外，合伙人向合伙人以外的人转让其在合伙企业中的全部或者部分财产份额时，须经其他合伙人一致同意。"恒信财富公司要求李某某回购合伙份额，但未根据《合伙企业法》的规定提供合伙人一致同意其转让合伙份额的决议，不符合《合伙企业法》关于合伙份额转让的规定。

第二，《承诺协议书》第二条第一款约定，"若选择退出，甲方在收到乙方或博鸿达中心的通知后，应根据要求通过博鸿达中心进行金刚游戏公司的股份回购（或对乙方的有限合伙财产份额进行回购）"；而恒信财富公司提供的两份催告函、一份通知函，均要求的是"回购博鸿达中心持有的金刚游戏公司股份"，而非"恒信财富公司持有的合伙份额"。通知所选择的退出方式为股份回购，故恒信财富公司不再享有合伙份额回购权，故其诉讼请求缺乏实体权利基础，应予驳回。

第三，《承诺协议书》中仅对回购股份的价格作出约定，未对回购合伙份额的价格作出约定。根据《中华人民共和国合同法》（以下简称《合同法》）关于买卖合同必备标的、价格、数量三要素的规则，恒信财富公司与李某某未就价格协商一致，其回购主张不能成立，也无法实施。至于恒信财富公司提出的股份回购价格就是合伙份额回购价格的主张，纯属一厢情愿，而且严重违背公平合理、等价有偿的民法基本原则。市场主体从最初的个人到合伙再到有限公司、股份有限公司、上市公司，其发展的核心在于从人合向资合的逐步升级转变，围绕的是财产权利的流通性，流通性增强，价值也成倍增加。恒信财富公司持有的合伙份额，要转让必须征得其他合伙人同意，而金刚游戏公司的股份，只要股东愿意，可以不受任何限制的随意转让。可见合伙份额与股份流通性毫无可比性，其价格也自然不可相提并论。而且在私募基金领域，常规做法是普通合伙人管理合伙事务，有限合伙人不得管理合伙事务，故有限合伙企业所得，要先由普通合伙人分取大部分管理收益，之后再由有限合伙人分配剩余收益。按这样的规则计算，博鸿达中心对金刚游戏公司的投资，也就是所持股份，其价值传导到恒信财富公司所持合伙份额，已经丧失了普通合伙人所分配的一大块。因此，无论是从流通性，还是参与分配的主体数量分析，合伙份额回购价格都不等于、也不可能等于股份回购价格。此外，《承诺协议书》是恒信财富公司提供的有编号的格式合同，根据《合同法》第四十一条"对格式条款有两种以上解释的，应当作出不利于提供格式条款一方的解释"的规定，恒信财富公司认为合伙份额回购价格就是股份回购价格，李某某、金刚游戏公司认为合伙份额回购价格未做约定，双方理解存在分歧，应当作出不利于恒信财富公司一方的解释。

（3）《承诺协议书》违反强制性规定扰乱金融秩序，应属无效合同。《承诺协议书》第二条第一款约定，不论恒信财富公司是否选择退出，李某某均要保证其投资本金及每年18%的固定收益。由此可见，恒信财富公司名为投资，实为放贷。作为以投资管理为主要经营范围的私募基金管理人，恒信财富公司名为投资、实为借贷的行为违反了金融法规及最高人民法院关于民间借贷的司法解释，扰乱金融管理秩序，属无效合同，不具有法律效力和司法强制力。而且恒信财富公司作为私募基金管理人，明知有限合伙人不得执行合伙事务而直接执行，管理博鸿达中心的合伙事务，违反了私募基金管理规定及《合伙企业法》的规定。法院应依法向中基协发出司法建议书，建议中基协对其违法行为予以制裁。

（4）恒信财富公司起诉要求回购合伙份额，但是根据合同约定其有权选择回购合伙份额,也有权选择回购股份。选择权是形成权,一经行使,选择之债变为简单之债,不得再撤回或者重新选择,恒信财富公司起诉前发出的通知和起诉状列明的两份通知都是要求回购股份,现在又要求回购份额,不符合形成权行使的要求。

综上,恒信财富公司的起诉不符合受理条件,其诉讼请求缺乏实体权利基础和事实依据,且存在重大违法行为,合同应属无效,故请求法院裁定驳回起诉或判决驳回恒信财富公司全部诉讼请求。

2. 银河瑞达公司的答辩

银河瑞达公司答辩内容如下。

(1) 请求驳回恒信财富公司的诉讼请求。如果法院判决后,李某某无力偿还或仅有部分偿还能力时,银河瑞达公司愿意承担50万股质押连带担保责任。

(2) 银河瑞达公司不同意恒信财富公司转让其在博鸿达中心的有限合伙份额,申请按照原投资途径由李某某将投资本金5 000万元以及投资收益900万元转入博鸿达中心,再由博鸿达中心将5 000万元转入恒信财富公司原途径账户。依据《私募投资基金募集行为管理办法》的规定,募集机构或相关合同约定的责任主体应当开立私募基金募集结算资金专用账户,用于归集私募基金募集结算资金、向投资者分配收益、给付赎回款项以及分配基金清算后的剩余基金财产等,确保资金原路返还。投资收益900万元按照基金产品退出清算程序(由银河瑞达公司及恒信财富公司组成清算组人员进行清算),清算后的剩余资产按照双方签订的合伙协议完成分配。此基金产品于2016年11月29日在基金业协会备案成功,备案编码SK2026,已运营近2年,若恒信财富公司转让有限合伙份额,李某某成为份额持有人,但是有限合伙无5 000万现金资产,无法完成基金的财务闭合及清算,进而导致有限合伙无法运营也无法完成工商及税务的注销,从而可能导致银河瑞达公司进入异常经营名录,甚至进入黑名单(而博鸿达中心只能用来发行一次基金产品,无法再用来发行第二次产品)。银河瑞达公司是一家在基金业协会备案的基金管理公司,如出现上述状况首先会影响银河瑞达公司今后产品备案,并造成不可估量的损失。

(3) 关于恒信财富公司第五项诉讼请求,保全费、律师费、诉讼费应由李某某承担。李某某作为金刚游戏公司的实际控制人和法定代表人,同时是主合同《承诺协议书》的实际受益人,投资款打入金刚游戏公司账户,每笔款项均为李某某签字使用。银河瑞达公司在签署此次基金产品发行书(有限合伙协议书)中承诺不收取任何基金管理费。此次诉讼系因金刚游戏公司实际控制人李某某未按照合同约定履行而产生。此外,因为此次诉讼银河瑞达公司已经无法正常运转,员工也无法正常发放工资。

(三) 我方观点

针对被告提出的答辩及我方起诉书提出的事实和理由,我方观点整理如下。

1. 法律关系

本次投资中,为保障原告能安全退出及投资利益的实现,被告李某某与原告自愿签署了《承诺协议书》,双方真实意思表示,且《承诺协议书》不存在违反强制性法律规定与行政法规的情形,《承诺协议书》合法有效。原告与被告存在民事合同法律关系,依据《承诺协议书》约定,原告选择退出,被告李某某应向原告履行回购合伙企业份额的合同义务。被告李某某依约履行回购原告在博鸿达中的合伙企业份额后,原告退出投资。至此,被告李某某通过自身直接持股金刚游戏,同时通过博鸿达间接持股金刚游戏公司以实际控制金刚游戏公司,不存在违反法律法规及中国证券监督管理委员会相关规定的情形,交易后的结构如图1-1:

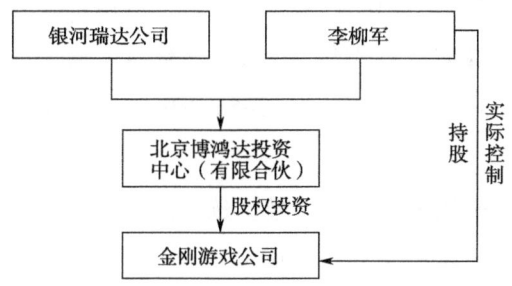

图1-1 原告、被告投资关系示意图

2. 起诉依据

（1）原告提起诉讼的依据。首先，被告李某某作为甲方与原告作为乙方签署的《承诺协议书》合法有效，原告作为合同的签署主体之一，当另一主体违约时，原告作为守约方有权依法对违约方提起诉讼解决。原告主体适格。

（2）原告所主张的金额依据。依据原告（即乙方）与被告（即甲方）签署的《承诺协议书》第一条约定，"1. 公司名称：北京金刚游戏科技股份有限公司……3. 认购数量：预计 2 777 778 股……5. 预计认购款（投资规模/投资本金）：人民币 5 000 万元；6. 投资起算日：乙方通过博鸿达有限合伙支付认购款之日为投资起算日。"据此，原告通过博鸿达投资金刚游戏，投资 5 000 万元。

依据《承诺协议书》第二条第一款约定，"投资满 1 年……若选择退出，甲方在收到乙方或博鸿达有限合伙的通知后应根据要求……（或对乙方的有限合伙财产份额进行回购）……保证乙方的投资本金及每年 18% 的投资收益"；据此，被告应保障原告的投资本金不受损，并保障投资收益不低于每年 18%。

综上，被告回购有限合伙份额向原告支付的金额包括两部分：原告投资本金（5 000 万元）；投资收益 [5 000 万元 $\times (N/365 \times 18\%)$，其中 N 为投资起算日至被告还款日]。

除此之外，被告自原告选择退出之日起至今未履行回购义务，依据《承诺协议书》第七条第二款，"若甲方未按协议的约定按时足额履行……（或有限合伙财产份额）回购等义务，则甲方应以乙方投资规模为基数按每日万分之三的标准向乙方支付违约金"。被告应向原告支付违约金，违约金计算方式为：5 000 万元 $\times (N-365) \times 0.03\%$，其中 N 为投资起算日至被告还款日。

本案中，原告所代表的永丰一号已选择退出，在《承诺协议》合法有效的情况下，被告应履行《承诺协议》约定的合同义务，被告应当向原告承担回购合伙企业财产份额的义务并向原告支付投资本金及投资收益，之后原告将合伙企业份额转让给被告；同时，被告延迟履行，被告应向原告承担违约责任，支付违约金。

（3）关于被告李某某提出的明股实债问题，具体答复理由如下。①关于《合伙协议》的合法性问题。博鸿达《合伙协议》第六部分"投资事项"第三条第四款约定了被告李某某的有限合伙财产份额回购义务及现金补足义务。《合伙协议》的规定是要求合伙人之外的北京金刚游戏控股股东被告李某某回购合伙企业份额（或承担现金补足投资收益义务），而非要求合伙企业内部某合伙人承担回购义务及现金补足义务，也非是要求融资主体金刚游戏承担回购义务及现金补足义务，《合伙协议》不存在违反《中华人民共和国合伙企业法》第三十三条的规定，"……合伙协议不得约定将全部利润分配给部分合伙人或者由部分合伙人承担全部亏损"；以及第六十九条的规定，"有限合伙企业不得将全部利润分配给部分合伙人；但是，合伙协议另有约定的除外"的情形。因此，案涉《合伙协议》合法有效。②关于《承诺协议书》的合法性问题。案涉投资为确保原告能顺利退出并获取投资收益，在交易结构中设计了原告（乙方）与被告李某某（甲方）签署的《承诺协议书》，即估值调整机制，又称"对赌协议"。对赌协议是投资方与融资方在达成融资协议时，对于未来经营不确定的情况进行的特殊约定，以有效保护投资人利益。如果约定的条件出现，融资方可以行使一种权利；如果约定的条件不出现，投资方则行使另一种权利，其实质是期权的一种形式。签署方之间则称为"对赌"。《承诺协议书》约定，"投资满1年金刚游戏尚未实现借壳上市或IPO……若选择退出，甲方在收到乙方或博鸿达有限合伙的通知后应根据要求……（或对乙方的有限合伙财产份额进行回购）……保证乙方的投资本金及每年18%的投资收益。投资第二年内……尚不能退出或退出收益不能保证乙方投资本金及第2年内每年22%的保证收益，甲方……（或对乙方的有限合伙财产份额进行回购）或承担现金补足的义务"。《承诺协议书》是要求融资方金刚游戏控股股东被告李某某回购合伙企业份额或承担现金补足投资收益义务，非是要求融资主体金刚游戏承担回购义务，也非要求合伙人内部某合伙人承担回购义务,《承诺协议书》不存在违反《中华人民共和国合同法》第五十二条规定的情形,《承诺协议书》合法有效。民事法律行为奉行"法无禁止即自由",《承诺协议书》不存在法律禁止的情形。

被告李某某作为金刚游戏控股股东,与原告自愿且意思表示真实时签署《承诺协议书》,承诺若投资满 1 年后原告选择退出时,则被告李某某应当回购原告持有的投资博鸿达合伙财产份额,被告李某某应依约履行回购合伙企业份额及现金补足的合同义务。同时,投资第二年尚未能退出,被告应保障原告第二年 22%/年的投资收益。

另外,关于"对赌协议"的效力,在甘肃世恒有色资源再利用有限公司、香港迪亚有限公司与苏州工业园区海富投资有限公司、陆某某增资纠纷一案(〔2012〕民提字第 11 号)中,最高人民法院已经明确了裁判规则和审判精神,投资方与被投资方对赌无效,投资方与被投资方股东对赌有效。在蓝泽桥、宜都天峡特种渔业有限公司、湖北天峡饲业有限公司与苏州周原九鼎投资中心(有限合伙)其他合同纠纷一案(〔2014〕民二终字第 111 号)中,最高人民法院同样判定投资方与被投资方股东对赌有效。

综上,本案案涉交易结构合法,不存在被告李某某代理人所称的"明股实债"问题,不存在违反《中华人民共和国合伙企业法》的问题,也不存在《中华人民共和国合同法》第五十二条所规定的有关合同无效的情形。被告李某某的反驳意见不成立,被告李某某应依法履行回购义务。

(4) 关于有限合伙份额转让问题。被告李某某在庭审中提出原告转让合伙企业财产份额无事实依据与法律依据,被告银河瑞达提出不同意原告转让合伙企业财产份额,对此,原告发表如下代理意见:

依《中华人民共和国合伙企业法》第二十二条第一款规定:"除合伙协议另有约定外,合伙人向合伙人以外的人转让其在合伙企业中的全部或者部分财产份额时,须经其他合伙人一致同意。"

博鸿达《合伙协议》第五部分"有限合伙人"第五条第一款约定:"有限合伙人可依照本协议约定转让其持有的有限合伙财产份额从而退出有限合伙。"同时在第十二部分"财产份额转让"第一条约定:"有限合伙人可以向合伙人以外的人转让其在有限合伙企业中的财产份额,但应当提前三十日通知其他合伙人。"

本案特殊性在于被告银河瑞达在案涉投资伊始便知悉并同意李某某回购原告所持有的博鸿达合伙企业财产份额,无须提前三十日通知被告银河瑞达。被告银河瑞达与原告签署的编号为《股权质押合同》"鉴于"部分中明确:被告银河瑞达与原告签署《股权质押合同》的目的是为保障被告李某某能依约回购原告所持有的合伙企业财产份额,即2016年9月13日被告银河瑞达已知悉并同意日后原告向被告李某某转让有限合伙企业财产份额。

综上,原告主张向被告李某某转让有限合伙财产份额合法且有事实依据,被告博鸿达知悉且同意,则无权干涉原告的转让行为。

(四)案件结果

法院经审理认为:

第一,关于《承诺协议书》的效力认定。《承诺协议书》系李某某与恒信财富公司的真实意思表示。从其内容来看,金刚游戏公司拟通过定向增发股份募集资金,而恒信财富公司通过恒信财富永丰一号投资基金认购博鸿达中心的财产份额,再通过博鸿达中心以其全部出资认购金刚游戏公司非公开发行的股份,李某某作为金刚游戏公司的实际控制人承诺和保证恒信财富公司的投资本金及收益。上述内容不违反法律、行政法规的强制性规定,《承诺协议书》应属合法有效,双方均应恪守履行。

第二,恒信财富公司是否能够通过将其在博鸿达中心的合伙财产份额转让给李某某的方式退出,并要求李某某向其支付投资本金、投资收益及违约金等。对此,案涉《承诺协议书》第二条有约定明确,因此恒信财富在本案中主张通过将其在博鸿达中心的合伙财产份额转让给李某某的方式退出,具有合同依据。

最终法院依照《中华人民共和国合同法》第八条、第六十条、第一百零七条、第一百一十四条,《中华人民共和国物权法》第一百七十条、第一百七十三条、第二百一十九条第二款、第二百二十三条、第二百二十六条、第二百二十九条,《中华人民共和国合伙企业法》第二十二条,《中华人民共和国民事诉讼法》第一百四十四条以及《最高人民法院关于适用〈中华人民共和国民事诉讼法〉的解释》第九十条之规定,判决被告李某某向恒信财富支付投资本金5 000万元及相应投资收益和违约金。

(五) 案后结语

本案的一个特点是基金管理人在基金层面和底层资产投资交易层面都设计了对赌机制,管理人对投资人比较尽职,体现了勤勉尽责义务。本案主体众多,对赌机制也比较复杂,开庭审理次数多达八次,实属少见。

六、信托计划持有人诉信托公司合同无效案——世欣荣和案

（一）案情简介

2012年3月15日，长安国际信托股份有限公司（以下简称"长安信托"）分别与天津鼎晖股权投资一期基金（有限合伙，以下简称"鼎晖一期"）、天津鼎晖元博股权投资基金（有限合伙，以下简称"鼎晖元博"）签订《股票收益权转让协议》，以24 180万元价格购买鼎晖一期持有的恒逸石化股份有限公司（以下简称"恒逸石化"）9 003 983股股票收益权，以6 820万元的价格购买鼎晖元博持有的恒逸石化的2 539 585股股票收益权，两者合计共11 543 568股（以下简称"标的股票"）股票收益权。标的股票是鼎晖一期与鼎晖元博于2011年6月参与恒逸石化借壳上市时通过上市公司定向增发时获得。同时，上述各方又签订了《股票质押合同》，并与托管银行兴业银行股份有限公司上海分行（以下简称"兴业银行"）签订《三方操作与监管协议》，与国信证券股份有限公司（以下简称"国信证券"）签署《股票托管服务与承诺协议》。

2012年3月28日，东方高圣诚成与长安信托签署《长安信托·高圣一期分层式股票收益权投资集合资金信托合同》，认购长安信托以上述股票收益权为标的发行的"长安信托·高圣一期分层式股票收益权投资集合资金信托计划"（以下简称"信托计划"），其中认购普通级信托份额2 509万份，认购次级信托份额8 695万份。东方高圣诚成于同日将112 040 000元投资款打入长安信托指定账户，信托计划正式成立。随后，东方高圣诚成与长安信托就认购次级信托份额的信托合同签订《补充协议》，将认购资金由8 695万元修改为8 691万元。

根据公开披露的《世纪光华科技股份有限公司重大资产出售及发行股份购买资产暨关联交易报告书》，2010年4月29日和2010年12月20日，世纪光华与重组方浙江恒逸集团有限公司（恒逸石化控股股东，以下简称

"恒逸集团")、鼎晖一期及鼎晖元博分别签订了《业绩补偿协议》及《业绩补偿协议之补充协议》，约定恒逸石化在相关会计年度的实际利润未能达到三年盈利预测数的标准，则世纪光华可以每股1元的价格向上述三重组方回购股份，以对世纪光华的业绩进行补偿。上述鼎晖一期和鼎晖元博作出的承诺均通过上市公司公告的形式向社会公开披露，具有法律上的约束力和公示效力。另外，根据恒逸石化前身ST光华于2011年5月27日发布的《关于重大资产重组相关方出具承诺事项的公告》，鼎晖一期和鼎晖元博承诺自恒逸石化重大资产重组之日（2011年6月8日）起三年内不转让其持有的恒逸石化全部股票，股票解禁日为2014年6月8日。

2014年10月，标的股票禁售期届满之后，由于标的股票价格持续走低，2014年10月11日长安信托给东方高圣发出通知函，主要内容是：根据2013年3月1日受益人大会表决通过的《征询函》之约定，该信托计划的股票"恒逸石化"已于2014年7月16日解禁，标的股票收盘价持续低于优先级保本价，次级受益人至今未追加现金或追加股票。优先受益人已向长安信托发出变现持仓股票的委托指令，长安信托根据《征询函》约定，将操作变现持仓股票。嗣后，长安信托遂分别于10月13日、21日解除了标的股票的质押登记，并全部出售。10月27日，长安信托将出售标的股票所得收益共计185 141 010.31元分配清算完毕，由于清算时信托财产尚不足以完全支付优先级受益人本金及收益，次级受益人东方高圣分配为零。长安信托公开发布了《长安信托·高圣一期分层式股票收益权投资集合资金信托计划清算报告》，并声明：委托人、受益人自《清算报告》公告之日起3个工作日内未提出书面异议，长安信托就清算报告所列内容解除责任。异议期内，世欣荣和公司及东方高圣均未向长安信托就清算事宜提出异议。2015年3月5日，世欣荣和公司向东方高圣、天津东方高圣公司邮寄送达了《请求维权催告函》，认为长安信托与鼎晖一期、鼎晖元博恶意串通，造成其信托投资全部亏损，要求东方高圣及天津东方高圣公司立即采取行动，向法院提起诉讼。3月31日，天津东方高圣公司回函表示已聘请律师对相关文件进行研究，但尚未掌握长安信托与鼎晖一期、鼎晖元博恶意串通的证据，希望世欣荣和公司能够提供帮助。

世欣荣和委托笔者请求确认《长安信托·高圣一期分层式股票收益权投资集合资金信托合同》无效并要求返还相应款项。

（二）各方观点

因本案较为复杂，经过了陕西省高级人民法院一审以及最高人民法院二审，在此笔者将一、二审过程中各方观点一一展现。

1. 一审对方观点

（1）长安信托答辩具体内容如下。

第一，从程序上看，原告诉权存在瑕疵。根据《合伙企业法》第六十八条之规定，只有"执行事务合伙人怠于行使权利"时，作为普通合伙人的原告才能以自己的名义提起诉讼。本案天津东方高圣公司及时给原告回复了函件，表示聘请律师正在研究当中，并未"怠于行使权利"。因此原告以自己的名义提起本次诉讼的条件并未成就。

第二，"财产确定性"是对于设立信托时，由委托人交付给受托人的财产的要求，不是信托计划执行全过程中对于信托财产的要求。在信托执行过程中，财产的风险与收益相伴随，信托财产发生增减变化是必然的，这正是信托设立的意义和根据之所在，因此存在"不确定性"是必然的。原告起诉中所称的"股票收益权"是信托执行过程中信托财产的形态，而《信托法》第七条、第十一条所规定的必须具备"确定性"的是指设立信托时的信托财产，二者不是同一概念，原告混淆了"设立信托时的信托财产"和"信托执行过程中的信托财产"这两个不同的概念，将对于设立信托时财产的"确定性"要求，泛化理解为对整个信托执行过程中的信托财产的要求，并基于该错误的认识提起诉讼，其诉讼请求不能成立。

第三，根据《信托法》第十四条第一款规定：受托人因承诺信托而取得的财产是信托财产；第二款规定：受托人因信托财产的管理运用、处分或者其他情形而取得的财产也归入信托财产。根据前述分析，要求具备"确定性"的仅指第一款。第二款即是指信托执行过程中的信托财产，并不要求具备"确定性"。本案中，长安信托作为受托人，因承诺信托自委托人处取得的财产就是第三人交付的 112 031 000 元信托资金。该"信托财产"无论从现实存在性、财产范围、权属哪一个方面看,均是确定的。因此,本案所涉的信托合同是合法有效的,原告诉请合同无效的理由不能成立,恳请法院驳回其诉讼请求。

(2) 鼎晖一期、鼎晖元博、鼎晖管理中心的答辩具体内容如下。

第一,对于被告长安信托的答辩观点全部认可,原告的诉请是基于对"信托财产"这一概念的错误理解而提起的,信托合同是合法有效的,法院应当判决驳回其诉讼请求。

第二,鼎晖一期、鼎晖元博所持有的股票是合法的,其与长安信托之间对于该笔股票收益权的交易是合法的,因此无论信托合同是否有效,其均不需要因此承担任何连带责任。

第三,原告的执行总裁胡某某,在第三人与长安信托签署《信托合同》时担任兼任第三人"投资决策委员会"的主任。2012 年 2 月 15 日,胡某某主持召开了关于决定第三人与长安信托签署本案所涉《信托合同》的会议。因此,原告对于本案所涉《信托合同》的签署不但是明知的,更是第三人进行此次信托投资的直接决策方,如今又出尔反尔诉请要求认定《信托合同》无效,其行为是违反商业诚信和基本商业道德的,不应被法院支持。

2. 一审我方观点

(1) 关于信托财产的确定性问题。

其一,长安信托发起设立的"长安信托·高圣一期分层式股票收益权投资集合资金信托"的信托财产是不确定的。

我方认为,要了解信托财产的确定性,首先就要明确信托财产的定义及范围。关于信托财产的定义,我国《信托法》第十四条规定为"受托人因承诺信托而取得的财产是信托财产"。受托人因信托财产的管理运用、处分或者其他情形而取得的财产,也归入信托财产。由于我国《信托法》对信托财产的定义过于原则化、抽象化,全国人大法律工作委员会发布的《中华人民共和国信托法释义》对信托财产的定义和范围进行了权威解释:

"在信托设立时,信托财产的范围和形态是特定的,而在信托成立后,由于受托人对信托财产的管理运用或处分,或者由于信托财产的损毁、灭失或其他事由的发生,会孳生新的财产,或者原有的信托财产形态会发生变化"(见该文件释义部分对《信托法》十四条的解释);"信托财产可以根据信托文件有形态上的变化,比如,信托设立之初是一幢房子,后来卖掉成了金钱,然后以货币买成债券,再由债券变成商品,商品又变成了另外一些不动产,财产形式几经转换,虽然呈现出多种形式,但仍然是信托财产"(见该文件绪论部分对信托财产范围的解释)。

由此可见,信托财产不仅指信托设立时的原始信托财产,也包括随着信托行为的实施,对原始信托财产进行管理适用、处分而演变来的变形信托财产。因此,信托财产的确定性,不仅指原始信托财产所有权的确定性,也指由原始信托财产运用变化后的信托财产所有权的确定性。

在本案中,东方高圣诚成于2012年3月28日与长安信托签订《信托合同》,《信托合同》中"定义与释义"条款载明:信托财产指信托资金及受托人对信托资金管理、运用、处分所取得的财产及损益的总和。此处所说的信托资金,是指信托计划成立时,委托人向长安信托支付的认购信托收益权份额的资金,也就是所谓的原始信托财产。《信托合同》第三条还约定,信托计划的信托目的是"全体委托人基于对受托人的信任,认购信托单位并交付认购资金于受托人由受托人将信托资金用于受让鼎晖基金持有的恒逸石化限售流通股股票的股票收益权,以管理、运用或处分信托财产形成的收入作为信托利益的来源,为投资者获得投资收益";另外,长安信托于2012年3月15日与鼎晖一期及鼎晖元博签订《股票收益权转让协议》,协议"鉴于"条款第三款明确指出:长安信托拟通过发行"长安信托·高圣一期分层式股票收益权投资集合资金信托计划"的方式募集资金,并以所募集的信托资金,按照本协议约定的条款和条件,向转让方受让其所持有的恒逸石化部分限售流通股在本协议所约定期间的收益权。同时,协议第2.3条也载明,只有在满足信托计划已正式宣告成立等条件下,受让方才需向转让方履行支付转让价款的义务。根据上述《信托合同》和《股票收益权转让协议》的内容可以看出,信托计划在设立之时,已经锁定了信托计划募集资金购买的标的股票收益权。而在长安信托将信托资金交付给鼎晖一期和鼎晖元博之时,信托财产已经由原始信托财产信托资金转化为标的股票收益权。原告认同信托资金作为原始信托财产,在委托人正式交付给受托人长安信托时是确定的。而当信托财产由信托资金转化为股票收益权后,股票收益权的确定性是存在问题的,原因如下。

第一,《股票收益权转让协议》附件一"转让方做出的陈述与保证"第二项载明:标的股票合法有效存在,除为执行本协议第十一条约定的担保本合同履行之目的将标的股票质押给受让方及本协议双方签署的其他约定(如有)外,标的股票不存在任何抵押、担保、留置及其他在法律上及事实上影响本次股票收益权转让及标的股票处置的情况或事实。

第二,《股票质押合同》第四条"鼎晖一期/鼎晖元博的陈述与保证"第一项载明:鼎晖一期、鼎晖元博保证对质物(即标的股票)享有完全的合法的所有权,除本合同及《转让协议》设定及披露的外,签订本合同时质物上没有任何形式的优先权及其他第三人权利,也不存在或可能存在任何形式的权属争议或其他权利瑕疵。

第三,在借壳上市过程中,为保障上市公司中小股东的利益,重组方恒逸集团和鼎晖一期、鼎晖元博分别向上市公司做出了相应的业绩补偿承诺。根据世纪光华于2011年6月7日发布的《世纪光华科技股份有限公司关于重大资产重组相关方出具承诺事项的公告》(以下简称《承诺事项的公告》)中"关于涉及购买资产盈利预测及业绩补偿承诺"的内容:以本次重大资产重组完成为前提,在2010年、2011年、2012年、2013年年度的每个会计年度结束后的90个工作日内,由上市公司聘请的会计师事务所对浙江恒逸石化有限公司在前述每个年度的实际盈利数(扣除非经常损益)进行专项审计并出具专项《审计报告》。在《审计报告》出具后的15个工作日内,各方将按如下公式计算每年应向上市公司补偿的股份数量〔截至当期期末累积预测净利润数-截至当期期末累积实际净利润数)÷补偿期限内各年的预测净利润数总和×认购股份总数-累计已补偿股份量〕。

如根据上述公式计算的补偿数量小于或等于 0 时，则按 0 取值，即恒逸集团等三方无须向上市公司补偿股份。如根据上述公式计算，恒逸集团等三重组方相关年度应向上市公司补偿股份的，上市公司按照人民币 1 元的价格向恒逸集团三方回购等额于按上述公式计算的补偿股份数量之股份，并予以注销。恒逸集团等三方承诺将积极配合上市公司办理有关股份回购手续。在补偿期限届满时，如果（期末减值额/标的资产作价）>（补偿期限内恒逸集团等三方已补偿股份总数/认购股份总数），则恒逸集团等三方将另行再向上市公司补偿股份。

通过上述几份协议及《承诺事项的公告》内容的对比，不争的事实摆在面前：

第一，鼎晖一期、鼎晖元博在股票收益权转让权时隐瞒标的股票上负有第三人权利的真相。长安信托没有履行勤勉尽责的信托义务。涉案信托计划是在没有考虑"标的股票"有可能被回购的不确定状态下设立的。因此，标的股票收益权的收益方式也根本没有考虑标的股票有可能被上市公司回购的不确定状态，进而可能产生根本无法实现收益的情况。

第二，质押"标的股票"使鼎晖一期、鼎晖元博在向上市公司履行业绩承诺的标的股票上设定了权利负担，《股票收益权转让协议》、《股票质押合同》与《业绩补偿协议》的履行义务方向截然相反、互相冲突，各份协议的履行充满了不确定性。

第三，《股票收益权转让协议》的成立和履行违反了主管部门的监管规定，使中国证监会当时批准借壳上市的基础落空，侵害了广大股民的社会公众利益。《股票收益权转让协议》的效力存在被认定无效的可能，明显存在瑕疵。《股票收益权转让协议》以及附属的《股票质押合同》《三方操作及监管协议》的效力存在不确定性。

根据《物权法》第三十九条的规定，所有权包括占有、使用、处分、收益四种权能。对于股票来说，股票的收益权是股票所有权的权能之一，其存在的基础是股票所有权的存在。在本案中，由于标的股票收益权是标的股票所有权的权能之一，在标的股票所有权上设定被回购义务时，标的股票收益权一并被设定了被回购的义务。而在信托计划设立时,鼎晖一期和鼎晖元博承诺的业绩补偿期限尚未到期,一旦发生重大资产重组中被购买资产盈利预测不能达到承诺金额,触发约定的回购情形,鼎晖一期及鼎晖元博将丧失标的股票的所有权。在这种情况下,长安信托购买的股票收益权就处于随时丧失的不确定状态。因此,长安信托所发起设立的"长安信托·高圣一期分层式股票收益权投资集合资金信托"的信托财产是不确定的。

其二,被告抗辩信托财产具有确定性,没有任何事实依据和法律依据。

首先,被告长安信托指出:"信托财产确定性"是对于设立信托时,由委托人交付给受托人财产的要求,不是信托计划执行全过程中对于信托财产的要求。原告认为,信托财产的确定,不仅包括信托计划设立时信托财产的确定,也包括信托财产形态变化后的确定性。在本案中,信托计划在成立之前就已经锁定用募集资金购买标的股票收益权,且《信托合同》与《股票收益权转让协议》的签订互为生效条件。根据《股票收益权转让协议》2.2条的约定,委托人投资的信托资金在《信托合同》签订后十个工作日内支付给鼎晖一期和鼎晖元博。也就是说,从信托计划成立时起,信托财产至多在十个工作日内为委托人交付的信托资金,一旦长安信托支付购买价款,则信托财产转化为标的股票收益权。而在接下来的信托计划存续过程中,标的股票收益权一直作为信托财产而存在。在这种情况下,如果忽略标的股票收益权的确定性,仅强调信托计划设立时信托财产的确定性,是对《信托法》关于信托财产定义和范围的错误理解。

其次,长安信托还指出:信托财产能够被管理运用,就表明在信托执行的全过程中,信托财产的价值注定会发生变化,风险与收益相伴随,二者都不可能是在信托财产价值自始至终确定的情况下发生。原告认为,长安信托将信托财产的确定理解为信托财产价值的确定是错误的。此处信托财产的确定性不是指信托财产价值的确定性,也不是指信托财产种类和状态的确定性,而是指信托财产所有权的确定性。即使受托人不能确定随着对信托财产的管理运用，信托资金会转换为何种信托财产，但至少应保证信托财产的所有权是确定的。如果长安信托连信托财产的所有权都不能保证，对信托财产进行管理、运用及处分也就无从谈起，为投资者获取投资收益的信托目的也就无法实现。

第二被告鼎晖一期、第三被告鼎晖元博及第四被告天津鼎晖（以下合称"鼎晖系被告"）指出："根据《信托法》第七条的规定，设立信托，必须有确定的信托财产，并且该信托财产必须是委托人合法所有的财产。由此可见，信托财产是委托人交付给长安信托的信托资金，而非鼎晖一期和鼎晖元博持有的股票收益权。"

原告认为，根据《信托法》十四条的规定，标的股票收益权在长安信托支付转让价款时已经转化为信托财产。鼎晖系被告片面理解了《信托法》第七条的规定，仅将信托成立时的信托资金认定为信托财产，而将由信托资金购买而转化来的标的股票收益权排除在信托财产之外，此种观点显然是错误的。

（2）关于《信托合同》的效力问题。

本案原告认为，东方高圣诚成与长安信托签订的《信托合同》无效。具体原因如下。

《信托法》第二条规定，本法所称信托，是指委托人基于对受托人的信任，将其财产权委托给受托人，由受托人按委托人的意愿以自己的名义，为受益人的利益或者特定目的，进行管理或者处分的行为。《信托合同》"定义和解释"条款亦载明，"信托和信托计划，指全体委托人依据信托合同与委托人共同设立的长安信托·高圣一期分层式股票收益权投资集合资金信托"。根据上述定义，本案中所指的信托与信托计划的范畴一致，即指从信托成立到对信托进行管理或处分的整个信托过程。根据上文对信托财产确定性的论述，本案信托财产不能确定。《信托法》第十一条规定，信托财产不能确定的，信托无效。

此处的信托是指本案中所涉的信托计划以及从信托设立到运用、管理的过程。《信托合同》体现了包括但不限于信托当事人各方的权利义务关系、设立信托计划的目的、信托资金运用方式、信托财产的管理运用和处分，以及信托成立、变更、终止、清算等内容。既然本案中所涉的信托计划以及从信托设立到运用管理的整个信托过程是无效的，当然承载信托计划构建的《信托合同》也是无效的。根据《合同法》第五十六条的规定，无效的合同自始没有法律效力。因此，东方高圣诚成与长安信托签订的两份《信托合同》自始没有法律效力。

另外，《信托法》第五条规定，信托当事人进行信托活动，必须遵守法律、行政法规，遵循自愿、公平和诚实信用原则，不得损害国家利益和社会公共利益。《信托公司集合资金信托计划管理办法》第四条规定：信托公司管理、运用信托计划财产，应当恪尽职守，履行诚实信用、谨慎勤勉的义务，为受益人的最大利益服务。长安信托作为一家专业的信托机构，在未通过充分尽职调查发现标的股票收益权存在不确定性，或者发现了该问题而直接无视的情况下，仍然购买标的股票收益权并作为信托计划的信托财产，实属未履行勤勉尽责及诚实信用的信托义务，不仅违反了《信托法》关于信托活动基本原则的规定，亦违反了主管机关对信托公司的监管规定。当然，这也是本案信托计划无效的原因。

本案被告认为信托主管部门对信托项目的备案肯定了《信托合同》效力的观点是错误的。鼎晖系被告指出：本案信托项目已经陕西省银监局审核后予以备案，表明主管机关已确认信托合同的效力。原告认为，通过主管机关备案确认《信托合同》效力的观点是错误的。主管机关对信托公司信托项目进行备案仅是为了对信托公司的日常业务进行监管，银监局仅会对信托公司提交的材料进行形式审查，并不会对《信托合同》的内容进行实质性判断。因此，并不能因为信托主管部门的备案而认定《信托合同》的效力。

（3）关于《信托合同》无效后法律责任承担问题。

首先，信托合同无效后，由长安信托向东方高圣诚成承担违约责任。根据《合同法》第五十八条的规定，合同无效后，因该合同取得的财产，应当予以返还；有过错的一方应当赔偿对方因此遭受到的损失。长安信托对于信托计划的设立没有履行勤勉尽责义务，具有过错。因此长安信托应将基于《信托合同》取得的东方高圣诚成的投资款及追加保证金全部返还，还应赔偿东方高圣诚成所支付款项的同期银行贷款利息。

其次，标的股票收益权的商业风险由长安信托承担。由于无效的合同自始没有法律效力，东方高圣诚成购买的信托计划的普通级和次级信托份额由长安信托管理并控制，在长安信托法律上应该返还原告投资款的过程中，发生基于市场原因而产生的商业风险理应由长安信托承担。

最后，鼎晖一期、鼎晖元博及执行事务合伙人应与长安信托承担连带责任。鼎晖一期、鼎晖元博在设立信托计划过程中具有明显的过错。被告鼎晖一期、鼎晖元博指出：其持有的标的股票是通过世纪光华进行重大资产重组合法取得。重大重组方案经证监会核准，并实施完毕。鼎晖一期和鼎晖元博作为标的股票的合法持有人，有权依法处置该等股份。其与长安信托签订的《股票收益权转让协议》等相关协议合法有效，且在西安市公证处办理了赋予具有强制执行效力的公证，因此其转让股票收益权的行为合法有效。

对此，原告认为，鼎晖一期、鼎晖元博的抗辩恰恰反映了其严重违反中国证监会规定，且是故意为之的事实。重大资产重组及业绩补偿方案都是依法作出且经有权机关核准，并以上市公司公告的形式向社会公开披露的，因此业绩补偿方案具有法律上的约束力和公示效力。正是因为这样，重组方更应该清楚标的股票上设定的义务，并遵守相关承诺。然而，在这种情况下，鼎晖一期和鼎晖元博故意隐瞒真实情况（前面已论述，在此不赘述），仍然将可能被回购的标的股票收益权进行转让，这正是其无视证监会监管规定规避法律、套取投资收益的典型表现。

由此可见，虽然鼎晖一期及鼎晖元博与东方高圣诚成没有直接的合同关系，但鼎晖一期和鼎晖元博对《信托合同》的无效存在过错，应与长安信托一并就返还原告财产及赔偿利息损失承担连带责任。另外，根据《合伙企业法》第二条第三款的规定，普通合伙人对合伙企业债务承担无限连带责任；因此，鼎晖一期及鼎晖元博的执行事务合伙人天津鼎晖亦应与鼎晖一期及鼎晖元博承担连带责任。

综上所述，长安信托与东方高圣诚成签订的两份《信托合同》无效。长安信托应向第三人东方高圣诚成返还因该合同取得的投资款、追加保证金以及相应的利息损失。鼎晖一期、鼎晖元博和天津鼎晖对《信托合同》无效存在过错，应与长安信托一起承担连带赔偿责任。

3. 一审法院观点

其一，世欣荣和公司作为第三人东方高圣的合伙人是否有权提起诉讼。

该院认为，世欣荣和公司有权提起诉讼。根据《合伙企业法》第六十八条之规定，"执行事务合伙人怠于行使权利时，有限合伙人可以督促其行使权利或者为了本企业的利益以自己的名义提起诉讼"。世欣荣和公司在认为合伙企业东方高圣的权利被侵犯时，已经就相关问题向东方高圣及执行事务合伙人发函催告，要求东方高圣向人民法院提起民事诉讼，维护东方高圣的民事权利；东方高圣虽予以响应，但未依法提起民事诉讼，世欣荣和公司遂选择以自己的名义提起诉讼并无不妥，符合法律规定。长安信托关于东方高圣未怠于行使权利，以及世欣荣和公司以自己的名义提起诉讼的条件并未成就的抗辩理由不符合法律规定，该院不予采纳。

其二，长安信托与东方高圣签订的《信托合同》是否有效。

法院认为，长安信托与东方高圣签订的《信托合同》是双方真实意思表示，内容不违反法律规定，应为合法有效合同。世欣荣和公司关于该信托合同标的具有不确定性，应属无效合同的诉讼理由，与事实和法律相悖。

首先，长安信托设立高圣一期分层式股票收益权投资集合资金信托计划，是因东方高圣提议而设立的。2011年8月，世欣荣和公司与其他合伙人签署《合伙协议》，组建了合伙企业东方高圣，世欣荣和公司占合伙企业份额25.42%；同年8月16日，东方高圣召开第一次临时合伙人会议，全体合伙人一致同意，"合伙企业资金用于受让恒逸石化限售流通股的股份收益权"。2012年2月15日，东方高圣召开了2012年度投资决策委员会会议，决议明确：长安信托将募集资金人民币3.1亿元购买鼎晖一期和鼎晖元博分别持有的900.4万股和253.96万股（合计为1 154.36万股）"恒逸石化"股票收益权；同意东方高圣和长安信托签署《信托合同》，出资人民币共计1.12亿元认购长安信托发行的信托单位，每1信托单位面值1元。至此，长安信托才于2012年3月15日与鼎晖一期和鼎晖元博签订了《股票收益权转让协议》，且在转让协议中明确约定，只有当"信托计划"已正式宣告成立之后，长安信托才需要向出让方履行支付上述转让款的义务。长安信托受让了鼎晖一期、鼎晖元博就"恒逸石化"股票的收益权，取得了信托合同标的。因此，该《信托合同》项目的设立是依东方高圣的要求而设立的，只有设立了信托计划长安信托才会给鼎晖一期和鼎晖元博支付转让款，购买信托标的。因此，对该《信托合同》项下标的"恒逸石化"股票收益权能否进行投资的考察了解，是由东方高圣完成并最终决定投资的，作为东方高圣最大合伙人的世欣荣和公司应该对东方高圣投资项目的内容完全知悉及掌握。项目发生亏损后，世欣荣和公司以信托合同标的不确定为由，否认合同的效力，有违商业诚实信用原则。故长安信托为设立《信托合同》与鼎晖一期和鼎晖元博签订的《股票收益权转让协议》亦没有违反法律规定，应为有效协议。世欣荣和公司要求鼎晖一期和鼎晖元博承担连带责任既无法律依据也无事实依据，该院不予支持。

其次，世欣荣和公司所称的标的股票在签订之时尚在业绩补偿期限内、标的股票处于可能被上市公司回购的状态、标的股票收益权不确定等特形，与该案事实不符。因该股票不确定性在整个信托计划执行期间并未发生，信托合同并没有因该股票的不确定性影响信托计划的正常执行，世欣荣和公司以可能发生的事实否认合同的效力与法相悖。实际上，世欣荣和公司所称的标的股票的不确定性是指上市公司世纪光华为了保护中小股东利益与资产重组方恒逸集团、鼎晖一期、鼎晖元博签订了《关于业绩补偿的协议书》，约定如果该协议中的浙江恒逸石化股份有限公司在每个会计年度盈利达不到约定指标，则世纪光华可以依人民币1元的价格向恒逸集团、鼎晖一期、鼎晖元博回购其持有的股份，其目的是为减少"恒逸石化"注册资本,以提高公司业绩,保护中小股东利益;该补偿协议还约定,如发生协议上述的业绩补偿情形时,则世纪光华应先向恒逸集团回购股份,当恒逸集团持有的世纪光华股份的数量少于补偿股份数量时,世纪光华向鼎晖一期、鼎晖元博回购两方持有的世纪光华股份。而在整个信托计划执行期间并没有发生世纪光华回购鼎晖一期和鼎晖元博所持股份的情形,世欣荣和公司所称的不确定性并没有发生。信托合同的终结完全是受托人长安信托依据合同约定,在标的股票低于优先级受益人保本价之后,依据优先级受益人的指令变现清盘所致,纯属合同约定的商业风险造成,并没有受不确定性的影响,并因此终结信托合同的执行。

其三,该案信托财产应该是确定的,世欣荣和公司认为信托财产不确定是对法律的错误理解。

《信托法》第二条规定,"本法所称信托,是指委托人基于对受托人的信任,将其财产权委托给受托人,由受托人按委托人的意愿以自己的名义,为受益人的利益或者特定目的,进行管理或者处分的行为";第七条规定,"设立信托,必须有确定的信托财产,并且该信托财产必须是委托人合法所有的财产。本法所称财产包括合法的财产权利";第十四条规定,"受托人因承诺信托而取得的财产是信托财产。受托人因信托财产的管理运用、处分或者其他情形而取得的财产,也归入信托财产"。

在长安信托与世欣荣和公司订立信托合同时,信托合同中明确对受托人和委托人做了定义,受托人即为长安信托,委托人即为东方高圣,受益人与委托人为同一人。根据双方合同的约定,基于对以上法律规定的准确理解,该案的信托财产应是委托人东方高圣交付给受托人长安信托的112 031 000元资金,而不是用信托资金112 031 000元购买的鼎晖一期和鼎晖元博持有的恒逸石化股票,因此信托财产是确定的。鼎晖一期和鼎晖元博在该案的信托法律关系中并不是委托人,其持有并转让给长安信托的股票是一种买卖法律关系,并不是委托法律关系,其转让的标的不是信托财产,其转让标的的确定性与否,不影响信托合同的法律关系。综上,世欣荣和公司以信托财产不确定,要求确认信托合同无效的诉讼请求,无事实依据和法律依据，该院不予支持，其诉讼请求应予驳回。

4. 我方上诉观点

（1）一审判决认定"本案信托财产确定"的观点是错误的。

一审判决认为，本案的信托财产是指东方高圣交给长安信托的112 031 000元资金，而不是用资金购买的标的股票收益权，因此信托财产是确定的。这一观点错误地认定了信托财产的定义和范畴，不符合《信托法》的立法意图，亦不符合本案中信托计划的设立目的。

我方在上诉过程中关于信托财产的确定性问题的论述，和前述在一审中提出的观点大致相同，笔者在此就不再赘述。

（2）被上诉人长安信托与鼎晖一期、鼎晖元博进行恶意串通，损害了东方高圣诚成的利益，《股票收益权转让协议》应属无效。信托计划设立的基础丧失，《信托合同》亦应属无效。

首先，鼎晖一期和鼎晖元博在《股票收益权转让协议》中"转让方的陈述与保证"部分承诺：标的股票不存在法律上及事实上影响本次股票收益权转让及标的股票处置的情况或事实。同时，鼎晖一期和鼎晖元博在《股票质押合同》"质押人的陈述与保证"中承诺：标的股票上不存在或可能存在任何形式的权属争议或其他权利瑕疵。由此可以看出，鼎晖一期和鼎晖元博并没有如实披露标的股票被设定回购义务的事实。

其次，长安信托作为该信托关系中的受托人，需要履行勤勉尽责的义务，对信托财产进行详尽的尽职调查。恒逸石化作为上市公司，其借壳世纪光华上市的相关信息均需要在指定网站进行公开披露，本案中的业绩补偿事项也是向社会公众公告的内容。长安信托是一家专业从事金融领域投资的信托公司，其内部应该有完善的项目投资和调查程序，不应该也不可能对作为信托财产的标的股票上设定被回购义务的情况不知情。但是，长安信托却在明知信托财产存在重大瑕疵的情况下签订了《股票收益权转让协议》，且没有向东方高圣诚成披露这一事实。

最后，根据《信托法》第五条的规定：信托当事人进行信托活动，必须遵守法律、行政法规，遵循自愿、公平和诚实信用原则，不得损害国家利益和社会公共利益。另外，根据《信托公司集合资金信托计划管理办法》第四条的规定：信托公司管理、运用信托计划财产，应当恪尽职守，履行诚实信用、谨慎勤勉的义务，为受益人的最大利益服务。长安信托作为信托法律关系中的受托人，不仅没有对信托财产进行充分的尽职调查，还与鼎晖一期、鼎晖元博串通，隐瞒了标的股票存在权利瑕疵的事实，严重违反信托公司诚实信用、谨慎勤勉的义务，损害了受益人的利益。

由此可见，长安信托及鼎晖一期、鼎晖元博为了完成本次信托计划的设立，获得委托人投入的信托资金，共同向投资人隐瞒了标的股票存在权利瑕疵的事实，属于恶意串通的行为。根据《合同法》第五十二条的规定，"恶意串通，损害国家、集体或者第三人利益的，合同无效"。长安信托与鼎晖一期、鼎晖元博为了促成信托计划的设立，共同向东方高圣诚成隐瞒了标的股票存在权利瑕疵的事实。东方高圣诚成在不知情的情况下，签订了《信托合同》，并最终导致了投资款全部损失的事实。因此，长安信托与鼎晖一期、鼎晖元博签订的两份《股票收益权转让协议》损害了第三人东方高圣诚成的利益，应属无效合同。鉴于上述两份合同无效，信托计划设立的基础消失，《信托合同》也应为无效合同。

（3）一审判决认为，"《信托合同》是双方真实意思表示，内容不违反法律法规，应认定为有效合同"，这种观点是错误的。

一审判决认为，东方高圣诚成先通过合伙人大会决定投资鼎晖一期及鼎晖元博持有的标的股票的收益权，之后长安信托才与鼎晖一期和鼎晖元博签订了《股票收益权转让协议》，并设立了"长安信托·高圣一期分层式股票收益权投资集合资金信托计划"，所以投资鼎晖一期和鼎晖元博持有的恒逸石化的收益权是由东方高圣诚成提出并最终做出的决定。这一认定完全忽略了被上诉人长安信托是一个独立法人主体，需要独立做出商业决定及实施商业行为的事实。长安信托作为一家独立经营的信托公司，其与东方高圣诚成间不存在任何关联关系，即使该信托项目最初由第三方东方高圣诚成提出，但是其内部也应当经过一系列的决策程序，决定是否购买标的股票收益权并设立信托计划，而不是由第三方做出决定。另外，从法律状态上看，最终在《股票收益权转让协议》上盖章的主体也是长安信托，以此认定本次投资是由东方高圣诚成做出是错误的。而且，东方高圣诚成作为信托计划的投资人做出认购信托计划的决定，也是基于长安信托没有向其真实披露标的股票的权利瑕疵而做出了错误的商业判断，并不是其真实的意思表示。

(4) 一审判决认定"标的股票在业绩补偿期限内未发生被回购的情形，标的股票的不确定性并没有导致《信托合同》因信托财产消失而终结"的观点是错误的。

一审判决认为，在整个信托计划执行期间，没有发生上市公司回购鼎晖一期和鼎晖元博所持有的标的股票的情形，并以此来否认信托财产的不确定性。根据这一观点，标的股票是否确定完全取决于后期是否发生了回购情形；即：当发生回购情形时，倒推出标的股票是不确定的；当未发生回购情形时，则倒推出标的股票是确定的。这一观点混淆了事实结果与法律状态的关系，属于本末倒置的严重判断错误。既然标的股票是不确定的，就代表标的股票从信托计划设立时就是不确定的，不能因为截至业绩承诺期结束没有发生标的股票被上市公司回购的情形，就对标的股票的不确定性进行效力补正。

另外，一审判决指出："因该股票不确定性在整个信托计划执行期间并未发生，信托合同并没有因为该股票的不确定性影响信托计划的正常执行，原告以可能发生的事实否认合同的效力与法相悖"。这一说法在侧面上印证了一审判决也是认可标的股票是不确定的，而是以不确定的情形最终没有发生为由认为标的股票不确定性消失。

(5) 一审判决在判决书中引用的部分证据未经质证。

一审判决在案件事实部分引用了如下内容：①第三人东方高圣诚成于 2012 年 8 月 31 日追加 B 类保证金 1 385 200 元，于 2013 年 3 月 7 日追加 A 类保证金 6 065 800 元。②2013 年 3 月 7 日，长安信托给第三人东方高圣诚成发出《征询函》，就《信托合同》第十条、第十一条、第十三条的内容进行了修改，并明确《征询函》内容与原合同内容有任何冲突，以征询函为准。第三人东方高圣诚成在《征询函》上盖章同意调整方案。③2014年9月26日，优先级信托单位兴业银行上海分行向长安信托发出委托指令，要求长安信托根据《征询函》的约定，将持仓股票变现，用于偿还优先级受益人本息。2014年10月11日，长安信托给第三人东方高圣诚成发出《通知函》，通知东方高圣诚成将于近期操作变现持仓股票。

但是，当事人各方均未向一审法院提供上述内容所涉及的证据，在庭审过程中，一审法院也未针对上述内容及证据进行质证。在这种情况下，一审法院直接在判决中引用上述证据，并以此为依据得出相应的结论，明显属于认定事实不清的情形。

综上所述，上诉人认为，一审判决有事实认定不清、适用法律不当的错误。

上诉人请求最高人民法院依法改判或者发回重审。

5. 对方二审答辩观点

（1）长安信托答辩观点。

二审过程中，针对我方提出的观点，长安信托提出原审判决认定事实清楚，适用法律正确，应予维持。理由如下：

第一，世欣荣和公司对必须具备"确定"性的信托财产概念理解错误。《信托法》第七条、第十一条、第十四条的规定表明，信托财产"确定"只是信托设立时的要求，信托设立后在执行阶段无须"确定性"。本案信托设立的信托资金112 031 000元是确定的。

第二，本案中长安信托的财产损失是信托下正常风险所引起，该损失与涉诉股票的所有权不确定没有关系。

第三，涉诉股票的所有权并不存在"不确定"：①涉诉股票上长安信托已经设立了质押权，该物权优于世纪光华享有的作为债权的回购权；②世纪光华对涉诉股票享有的回购权实质是对世纪光华小股东的补偿。即便发生回购情形，鼎晖一期等可以在市场上购买相应数额股票来满足回购要求，不会导致涉诉股票不确定；③本案中事实上也没有发生回购情形。

第四,东方高圣知道世纪光华可以回购涉诉股票这一公开事实,所以长安信托与鼎晖一期等并不存在恶意串通。况且,本案中东方高圣设立的目的就是为了投资涉诉股票,涉诉信托也是东方高圣主动促成的,作为东方高圣主要合伙人的世欣荣和公司的法定代表人直接主持了投资会议。世欣荣和公司提起本案诉讼是为了转嫁风险。

第五,世欣荣和公司所称的未经质证的事实,系涉诉两份《信托合同》履行之事实,与本案争议的《信托合同》效力问题无关。该事实不影响原审判决结果。

（2）鼎晖一期、鼎晖元博、鼎晖管理中心的共同答辩观点如下。

二审过程中,针对我方提出的观点,鼎晖一期、鼎晖元博、鼎晖管理中心提出原审判决认定事实清楚,适用法律正确,应予维持。理由如下：

第一,鼎晖一期、鼎晖元博持有的涉诉股票及收益权是信托资金购买的对象,并不是信托财产。所以该股票收益权是否会被回购,并不影响信托财产确定性。涉诉《股票收益权转让协议》和《信托合同》均属有效。

第二,世欣荣和公司并不是鼎晖一期、鼎晖元博的交易相对方,其无权对鼎晖一期、鼎晖元博和鼎晖管理中心提起诉讼。

6. 二审最高院观点

结合一审法院的观点及二审过程中双方所主张的观点,最高院提出了如下观点：

第一,东方高圣按照涉诉两份《信托合同》认购信托单位而交付给长安信托的 112 031 000 元资金,因世欣荣和公司和长安信托、东方高圣均认可其属于上述《信托合同》项下的信托财产,故本院对该 112 031 000 元资金属于受托人长安信托获得的信托财产予以确认。因受托人管理运用、处分信托财产而取得的财产也应归入信托财产,而长安信托以上述资金从鼎晖一期、鼎晖元博处受让涉诉股票收益权系运用信托财产,故世欣荣和公司主张长安信托因此取得的涉诉股票收益权亦属于信托财产,本院予以支持。原审判决认定长安信托从鼎晖一期、鼎晖元博取得的涉诉股票收益权不属于信托财产,有失妥当,本院予以纠正。

第二，信托法律关系中，信托财产的确定是要求信托财产从委托人自有财产中隔离和指定出来，而且在数量和边界上应当明确，即：信托财产应当具有明确性和特定性，以便受托人为实现信托目的对其进行管理运用、处分。本案中，长安信托与鼎晖一期、鼎晖元博分别在相应《股票收益权转让协议》中约定，股票收益权内容包括鼎晖一期持有的 9 003 983 股、鼎晖元博持有的 2 539 585 股（合计 11 543 568 股）股票的处置收益及股票在约定收益期间所实际取得的股息及红利、红股、配售、新股认股权证等孳息。该约定明确了长安信托所取得的涉诉股票收益权的数量、权利内容及边界，已经使得长安信托取得的涉诉股票收益权明确和特定，受托人长安信托也完全可以管理运用该股票收益权。所以，信托财产无论是东方高圣按照涉诉两份《信托合同》交付给长安信托的 112 031 000 元资金，还是长安信托以上述资金从鼎晖一期、鼎晖元博处取得的股票收益权，均系确定。世欣荣和公司主张涉诉两份《信托合同》中信托财产不确定，缺乏事实基础，对其主张本院不予支持。

第三，长安信托从鼎晖一期、鼎晖元博处取得涉诉股票收益权前，鼎晖一期、鼎晖元博等在与世纪光华签订的《关于业绩补偿的协议书》中承诺：浙江恒逸石化股份有限公司相关会计年度实际盈利未达标时，世纪光华可以回购鼎晖一期、鼎晖元博持有的上述相应股票。在上述股票的收益权转让给长安信托后，上述承诺涉及的问题就是：如果上述浙江恒逸石化股份有限公司相关会计年度实际盈利未达标，涉诉股票上世纪光华回购权益就需与长安信托的收益权进行协调。涉诉股票需进行权益协调的问题，与股票收益权确定与否的问题，属不同法律问题，二者没有法律上的关联。涉诉股票权益协调可以按照法律的规定予以解决，权益协调并不当然导致长安信托丧失其所取得的股票收益权。本案中，因长安信托为保障股票收益权实现已取得了该股票的质押权，故在涉诉股票上，长安信托的权利优先于世纪光华；而且，本案中世纪光华也并未回购涉诉股票。所以，涉诉股票并未因世纪光华回购而使长安信托无法拥有股票收益权。世欣荣和公司提出的涉诉股票"所有权"不确定进而股票收益权也不确定之主张，实质是认为世纪光华对涉诉股票的回购权益将使鼎晖一期、鼎晖元博无法拥有股票"所有权"并进而导致长安信托无法享有股票收益权。如前所述，该主张缺乏法律依据，故难以成立。世纪光华就涉诉股票享有的回购权益未对作为信托财产的股票收益权产生法律上的影响，世欣荣和公司以涉诉股票上存在世纪光华回购权益为由否定《信托合同》效力，事实和法律依据均不充分，本院不予支持。

第四，因本案中并无世纪光华向鼎晖一期、鼎晖元博回购股票而受阻之事实，故世欣荣和公司主张《股票收益权转让协议》及《股票质押合同》损害社会公众股东利益缺乏事实依据。世欣荣和公司认可世纪光华对涉诉股票享有回购权益属公开披露的事实，所以即使鼎晖一期、鼎晖元博在与长安信托签订的《股票收益权转让协议》中未专门披露上述事实，也不构成恶意串通隐瞒上述事实。而且，世纪光华对涉诉股票的回购权益事实上没有影响长安信托实际取得涉诉股票收益权或处置股票。因此鼎晖一期、鼎晖元博在与长安信托签订上述协议时陈述的"涉诉股票不存在影响股票收益权转让或处置股票的情况"并无不当，《股票收益权转让协议》不应属于恶意串通损害第三人东方高圣利益而无效。世欣荣和公司主张《股票收益权转让协议》无效，事实依据不足，其主张难以成立。相应地，世欣荣和公司以该协议无效为依据来主张涉诉两份《信托合同》无效，也不能成立。

第五，原审判决查明的2013年3月7日长安信托向东方高圣发出征询函及东方高圣盖章同意、2014年9月26日兴业银行上海分行向长安信托发出委托指令、2014年10月11日长安信托向东方高圣发出《通知函》的事项，属于涉诉两份《信托合同》履行中的问题。该类问题因不会影响涉诉两份《信托合同》的效力，故本院对其不予审理。因本案中并无证据否定涉诉两份《信托合同》的效力，故世欣荣和公司主张该合同无效，本院不予采纳。世欣荣和公司以上述《信托合同》无效为据主张长安信托返还112 031 000元认购资金、6 065 814元保证金及支付相应利息，并主张鼎晖一期、鼎晖元博以及该二合伙企业的普通合伙人鼎晖管理中心承担连带责任，均不能成立，对其主张本院不予支持。世欣荣和公司就原审判决笔误提出的意见，本院予以采纳并予纠正。

（四）案件结果

最高院最终判决认为本案中东方高圣与长安信托签订的两份《信托合同》有效。世欣荣和公司依据该《信托合同》要求长安信托、鼎晖一期、鼎晖元博、鼎晖管理中心连带返还认购资金、保证金及相应利息，不能成立。原审判决认定事实基本清楚，适用法律虽有不当但判决结果正确，应予维持。本院依据《中华人民共和国民事诉讼法》第一百七十条第一款第一项、《最高人民法院关于适用〈中华人民共和国民事诉讼法〉的解释》第三百三十四条之规定，判决驳回上诉，维持原判。

（五）案后结语

该案已经过去几年了，案例也上了最高法院公报案例，法律界也有不少评说，但作为案件代理人亲历的感受却有特别之处，以下给大家分享几个细节。

第一，一审没有质证的证据是否能在二审质证？

第二，如何理解信托财产的不确定性？中国证监会对"借壳上市"要求重要的重组投资人进行业绩承诺，这是审核的基本要求，也是对广大公众投资者的权益保护。用业绩承诺的股票做"收益权买卖"，实质上仅是行股票买卖之实。在这里，除了出卖人的利益没有受损，其他方可能都受损了。

七、私募股权投资基金要求被投资企业董事高管赔偿案——萍乡东方汇富案

（一）案情简介

萍乡东方汇富投资中心（有限合伙，以下简称"东方汇富"）参加乐视体育"A+轮"及"B轮"融资，先后出资数亿元人民币成为乐视体育股东。投资结束后，乐视体育高管成员雷某某、高某某、周某某在未经股东会决议和董事会合法授权之下，违反公司章程及法律规定向关联公司乐视控股（北京）文化有限公司提供超40亿元巨额借款，最终致使乐视体育经营严重困难。乐视体育随后在2016年度发生巨额亏损，现金流不足以偿还负债，商业信誉急剧下降，给股东造成了巨额损失。基于此东方汇富委托笔者对雷某某、马某某、高某某、周某某提起诉讼，要求赔偿原告东方汇富损失共计1亿元人民币，并支付为本案所支出的财产保全费、财产保全保险费共计155 000元人民币。

（二）被告各方观点

1. 雷某某答辩

（1）案涉借款安排决策程序合法。东方汇富提供的2016年4月11日版本的乐视体育公司章程（以下简称"B轮章程"）第十八条规定：该章程通过后的第一次董事会应在乐视体育取得反映该章程所载修订的工商营业执照后的一个月内召开。而该章程所载的股东变更情况等修订事项，因为部分国有企业、基金投资公司等股东内控和签章审批手续较为冗长，且B轮融资新增股东之一"拉萨经济开发区凯思鸣企业咨询有限公司"因自身原因无法出资并退出等情况，导致公司迟至2016年11月24日才通过工商变更登记。

也就是说，即使要按照B轮章程约定召开董事会，最早的时间是在2016年11月24日之后。然而，此时乐视体育与乐视控股（北京）有限公司（以下简称"乐视控股"）之间的资金拆借已经发生，乐视控股也已偿

还部分款项。因此，东方汇富提供的 B 轮章程对于本案而言没有任何实际意义，乐视体育以及包括答辩人在内的乐视体育的高管成员、董事不可能按照该章程规定履行案涉借款安排的内部审批流程及相关手续。

事实上，乐视体育将款项出借给乐视控股的行为符合签署日期为 2015 年 10 月 15 日的乐视体育公司章程（以下简称"A+轮章程"）的规定。A+轮章程第十五条第三项规定，董事会有权审定公司的经营计划和投资方案，乐视体育出借款项给乐视控股显然属于该项职权范畴。2016 年 3 月 25 日，乐视体育以电话会议方式召开临时董事会；为了"提高账面资金使用效率"，参会的五名董事一致同意"乐视体育给予乐视控股 40 亿元人民币借款，借款期限一年，其中 20 亿元借款年化利率 7.83%，20 亿元借款年化利率 7.2%"的借款安排（以下简称"案涉借款安排"）。

根据 A+轮章程第十七条规定：董事会决议的表决方式为一人一票，董事会对所议事项应由二分之一以上的董事表决通过方为有效。时任七名董事中的五名董事参会，并同意该等借款安排，该份"临时董事会决议"合法有效。因此，案涉借款安排不违反《公司法》第一百四十八条第一款第三项的规定。

（2）答辩人在整个借款过程中没有任何过错。

首先，答辩人不能对案涉借款安排造成实质影响。自乐视体育成立之初至 2017 年 10 月 16 日期间，乐视体育的公章、合同章、银行 U 盾（key）等重要财务印鉴全部由乐视控股保管和控制，乐视体育在工作过程中需要使用上述印章和 U 盾时，必须提前向乐视控股申请。

案涉借款安排也是如此，乐视体育与乐视控股关于该笔借款的出借与偿还均通过向乐视控股财务总监等财务负责人申请，款项实际借出与偿还均非答辩人个人意志可以控制。相关邮件仅仅抄送答辩人进行知会，答辩人并没有审批权力，部分邮件甚至都没有抄送答辩人。因此，无论是决定案涉借款安排，还是后续款项往来的落地，作为乐视体育首席执行官（CEO）的答辩人均无法控制。作为时任 CEO 的答辩人仅为职业经理人，当时也不是乐视体育的法定代表人，更不分管财务，并没有权力控制乐视体育的公章、财务章,没有权利决定重大合同的签署,其仅仅是依据公司章程和劳动合同的规定履行职业经理人的职责,执行乐视体育董事会的重大决策。

其次,案涉借款安排系正常商业行为。自乐视体育成立之日起,作为控股股东的乐视控股为乐视体育提供了诸如频道、知识产权、担保等各方面的资源,为乐视体育的发展作出了重要贡献,又考虑到资金拆借利率高于市场利率,故乐视体育在当时无法拒绝乐视控股的资金拆借要求,案涉借款安排符合常理。

在乐视体育决定于 2016 年 3 月将款项出借给乐视控股之际,直接目的是为了提高账面资金使用效率,只不过后期由于乐视控股及其实际控制人贾某某个人的原因,导致还款出现逾期。对乐视体育而言,案涉借款安排系正常的商业交易,不可避免地存在商业风险,但不能因为出现逾期还款的商业风险,就认定当初进行该等商业安排的董事、CEO 存在过错,需要对股东承担赔偿责任?试想,倘若乐视控股可以按时还款,进而给乐视体育带来了利息方面的收入,作为股东的东方汇富会给予本案被告额外奖励吗?

最后,乐视体育及答辩人想方设法解决案涉债务。案涉借款安排发生后,乐视体育及答辩人就积极向乐视控股及其实际控制人贾某某催款。答辩人多次安排乐视体育财务人员、业务人员向乐视控股催还借款,对于已经偿还的款项有重大贡献。对于未能偿还的借款,答辩人也通过债务重组等方式积极努力解决,已经尽到了职业经理人的职责。

(3)本案系东方汇富负责人柯某某重组乐视体育未获成功后提出的恶意诉讼。

东方汇富的负责人为柯某某,在案涉借款发生时属于乐视体育时任董事之一,且参与了 2016 年 3 月的临时董事会会议,并同意前述借款安排。倘若东方汇富认为作为董事的答辩人损害了乐视体育公司利益,柯某某也同样损害了乐视体育公司利益。基于柯某某系东方汇富委派的董事,直接后果是作为股东的东方汇富没有权利提出本案诉讼,其全部诉讼请求应予驳回。事实情况是,由柯某某提出的重组乐视体育的方案未获得大部分股东的同意,其为了阻挠乐视体育的其他重组计划而恶意提起本案诉讼,具体阐述如下。

东方汇富提起本案诉讼为股东直接诉讼,本质上为侵权之诉,应当符合侵权之诉的基本构成要件,即:加害行为、损害事实、加害行为与损害事实之间有因果关系、行为人主观上有过错。

如前所述,无论是作为董事,还是作为 CEO,就案涉借款安排而言,答辩人均没有加害行为,也不存在主观上的过错。以下将就损害事实不存在以及东方汇富主张的所谓加害行为与损害事实之间不存在因果关系阐述意见。

东方汇富主张的损害事实为,"案涉借款安排致使乐视体育经营严重困难,2016 年度发生巨额亏损、现金流不足以偿还负债、商业信誉下降,经营持续恶化作为股东,股东权益严重受损";其主张的计算依据为《B 轮股东协议》中约定的 B 轮投后估值(即《2016 年度审计报告》记载的 2016 年底乐视体育净资产)。上述主张没有任何法律和事实依据,理由如下:

其一,一个公司的经营好坏,系市场大环境、公司业务领域、公司经营管理水平等多方面主、客观因素叠加所致,公司某一具体商业行为(如案涉借款安排)不能直接导致公司经营的好坏,更不能从公司一时经营状况的好坏判断公司价值的贬损或增值。何况,东方汇富也未在本案中提供任何证据证明案涉借款安排导致乐视体育经营持续恶化、商业信誉下降。

其二,东方汇富计算损失的依据为 B 轮投后估值减去现时估值(即 2016 年底乐视体育净资产)。首先,2016 年底乐视体育净资产作为乐视体育的现时估值,是东方汇富主观臆断的,没有任何依据;其次,《B 轮股东协议》中载明的投后估值仅为当时股东根据一定的估值方法协商确定,是各股东之间达成的协议,是否能够公允地反映乐视体育当时的市场价值,存在极大的不确定性;再次,无论何时对一个创业互联网公司的估值,都是基于其未来上市而言,估值与公司本身在某一个时点的价值高低并不能完全等同。

可见，东方汇富提出的本案主张不符合一般侵权行为构成要件，未能提供基本的证据证明其主张，纯属恶意诉讼，理应予以全部驳回。

(4) 即使乐视体育存在损失，也不能按照持股比例直接将损失金额分配给股东。

公司财产的权利人是公司不是股东。《公司法》第三条规定："公司是企业法人，有独立的法人财产，享有法人财产权"，该规定明确了公司全部财产的权利归属。所谓"独立的法人财产"，即该财产为公司独自拥有，其他任何人机构，即使是本公司股东对公司财产也不具有任何权利。这是《公司法》的一个基本原则，公司财产与股东财产各自独立，绝不允许混同，股东以出资为限承担有限责任，公司以自身全部财产对公司的债务承担责任。

东方汇富持有的是公司股权不是财产权。《公司法》第四条规定："公司股东依法享有资产收益、参与重大决策和选择管理者等权利"；可见，公司股东所谓的财产性权利只是"资产收益权"，也就是可以依法取得分红，而不是直接从公司取走财产，更不能把公司财产损失直接等同于股东财产损失。将公司财产混同于股东财产，恰是《公司法》所严格禁止的行为。《公司法》第五条规定："公司的合法权益受法律保护不受侵犯"，如果依照东方汇富的诉讼请求支持其所谓的损失，反而正是侵犯了乐视体育的合法财产权。因此，东方汇富对乐视体育不具有财产权，对乐视体育公司财产损失不具有请求权。

即使存在侵权，被侵权人也并非东方汇富。如前所述，即使存在损失，本案侵害的权利客体也是"乐视体育出借给乐视控股且尚未偿还完毕的债权，进而导致乐视体育经营持续恶化"，侵害的是乐视体育公司的权益，而非东方汇富持有的乐视体育股权。换句话说，即使东方汇富主张的损失成立，被侵权人是乐视体育而非东方汇富，东方汇富与侵权人之间根本不存在可构成侵权行为与损害结果的因果关系，其不具有侵权纠纷诉讼原告的主体资格。

综上所述，东方汇富的诉讼请求不符合法律规定，其不具有诉讼主体资格；且其诉讼主张没有任何证据和事实依据，属于恶意诉讼。

2. 高某某答辩称

（1）请求法院驳回东方汇富的起诉，因为原告主体不适格。

股东代表诉讼的最终目的是保护公司利益，而不是股东利益。而且有前置程序，应当先向公司监事提出起诉的请求，如果监事不起诉，股东才可以起诉，原告并没有证据证明进行过此程序。本案即便董事会决议存在瑕疵，也是对乐视体育公司造成的"损失"，对原告也没有造成任何损失。

（2）请求驳回原告诉讼请求。

第一，借款协议已经经过董事会决议授权，符合公司章程规定。

第二，借款行为是公司之间的正常商业行为，没有给原告造成任何损失。乐视控股公司向乐视体育公司借款，约定了利息，也有还款行为；同时，因为公司周转的客观情况，逾期还款非常普遍，乐视控股公司也在积极偿还余下借款，借款行为没有给乐视体育公司造成损失。

第三，高某某是挂名法定代表人，所有重要的商务行为、催款行为等邮件都没有抄送给高某某，高某某没有过错，董事会决议是董事会集体作出的，并不是高某某个人意志。

第四，原告损失计算是主观臆断，没有法律和事实依据。

3. 周某某答辩

（1）答辩人不是本案适格被告。

东方汇富依据《中华人民共和国公司法》第一百四十八条第一款第三项、第一百五十二条之规定提起诉讼，需以被告为乐视体育文化产业发展（北京）有限公司（以下简称"乐视体育"或"公司"）董事、高级管理人员为前提。

《中华人民共和国公司法》第二百一十六条第（一）项规定："本法下列用语的含义：（一）高级管理人员，是指公司的经理、副经理、财务负责人，上市公司董事会秘书和公司章程规定的其他人员。"《乐视体育文化产业发展（北京）有限公司章程》亦未对高级管理人员作出特别规定。

因此，乐视体育的高级管理人员仅限于公司的经理、副经理、财务负责人。

另根据《乐视体育文化产业发展（北京）有限公司章程》相关规定，董事由股东会选举产生，总经理、副总经理由董事会聘任和解聘，财务负责人（首席财务官）由董事会任命。

答辩人于2015年4月8日起担任乐视体育财务部的财务副总监一职，为普通员工，且没有股东会、董事会出具的相关任命/聘任文件或者决议。因此，答辩人不属于公司的董事或高级管理人员，不是本案适格被告，东方汇富起诉答辩人完全没有事实和法律依据。

（2）乐视体育提供案涉借款已经董事会决议的合法授权。

根据乐视体育2016年3月25日形成的董事会决议，乐视控股提供案涉40亿元借款已经过董事会的合法授权。本次董事会会议应到董事7人，实到董事5人，符合法定人数，且东方汇富作为投资方之一，其委派的董事柯某某亦签字同意决议事项。因此，本次董事会决议完全符合《乐视体育文化产业发展（北京）有限公司章程》的相关规定，决议内容合法有效。

鉴于此，乐视体育向乐视控股提供案涉借款已经董事会决议的合法授权，东方汇富以违反公司章程为由起诉答辩人，缺乏事实和法律依据。

（3）东方汇富与本案无直接利害关系，不具备本案原告主体资格。

根据《中华人民共和国公司法》第四条（"公司股东依法享有资产收益、参与重大决策和选择管理者等权利"），以及第三十四条（"股东按照实缴的出资比例分取红利"）等相关规定，东方汇富在向乐视体育完成出资、成为乐视体育股东后，只能依据公司法以及公司章程的规定享有分取红利、分配剩余财产等权利，即公司财产与股东财产相分离。而在本案中，即便存在东方汇富所主张的乐视体育违反公司章程向乐视控股提供借款的情况，首先是对乐视体育造成"损失"，仅是间接损害了东方汇富作为股东的利益，而与其自身财产权益之间并没有直接的利害关系。鉴于此，东方汇富不符合《中华人民共和国民事诉讼法》第一百一十九条第一项规定的"原告是与本案有直接利害关系的公民、法人和其他组织"的起诉条件,不具备本案原告主体资格。

4. 马某某答辩

从始至终不在乐视体育公司任职,与本案没有任何关系。请求法院先行裁定驳回对马某某的起诉,并且马某某保留对因原告恶意提起本案诉讼、恶意对马某某财产进行财产保全而导致的损失另案进行索赔的权利。

(三)我方观点

1. 被告雷某某、高某某、周某某的责任

被告雷某某、被告高某某、被告周某某,违反法律及公司章程规定,向关联方乐视控股(北京)文化有限公司提供借款,损害原告利益,应承担赔偿责任,且原告主体适格,理由如下。

(1)被告雷某某、被告高某某、被告周某某,违反公司章程及法律规定,向关联方乐视控股(北京)文化有限公司提供借款。

依据2015年4月27日修订并经各股东签署生效的A+轮章程第八条规定:"公司股东会由全体股东组成,是公司的权力机构,行使下列职权、相关法律及本章程规定的其他职权:……(十二)公司与其任何股东、董事、管理人员、员工或其他内幕人员及该等人员的任何家庭成员或关联方之间进行的任何交易(包括签署、修改或终止与关联方之间签署的任何协议)";第九条规定:"股东会会议原则上由股东按照认缴出资比例行使表决权,但本章程或股东另有约定的除外。受制于本章程的其他有关规定……本章程第八条第(十二)项至第(十七)项规定的股东会表决事项,必须经代表过半数表决权的股东同意通过,其中应包括A轮投资方股东及A+轮投资方股东的同意";第十五条规定,"公司董事会应由7名董事组成,即4名原股东提名的董事,以及万达投资提名的'万达投资董事'、云锋投资提名的'云锋投资董事'与东方汇富提名的'东方汇富董事'";第十七条规定:"董事会对股东会负责,行使下列职权、相关法律及本章程规定的其他职权:……(五)在公司年度预算之外,批准公司发生任何超过500万人民币的债务或支出(无论是单笔或通过一系列相关的交易）"；第十八条规定，"董事会决议的表决，实行一人一票。除本章程及股东另有约定外，本章程规定的应由董事会决议的事项，必须经全体董事过半数同意方可通过，且本章第十七条第（一）款至第（五）款规定的事项应由董事会决议的事项还需包括万达投资董事、云锋投资董事、东方汇富董事的同意方可通过"；第二十三条规定："受制于本章第十八条的规定，在不召开会议的情况下，经由构成法定人数的董事共同签字批准的书面决议，与在合法召集和召开的董事会会议上经表决通过的决议具有同等效力。该书面决议应存入董事会会议记录档案中"。

依据《公司法》第十一条规定，"……公司章程对公司、股东、董事、监事、高级管理人员具有约束力"；第二十二条第一款规定，"公司股东会或者股东大会、董事会的决议内容违反法律、行政法规的无效"；第一百四十七条规定，"董事、监事、高级管理人员应当遵守法律、行政法规和公司章程，对公司负有忠实义务和勤勉义务"；以及第一百四十八条第一款第三项规定，"董事、高级管理人员不得有下列行为：……（三）违反公司章程的规定，未经股东会、股东大会或者董事会同意，将公司资金借贷给他人或者以公司财产为他人提供担保"。

第三人乐视体育向其关联方乐视控股（北京）文化有限公司（以下简称"乐视控股"）出借款项，依据A+轮章程规定，须经代表过半数表决权的股东同意通过，且其中还应包括A轮投资方股东——上海万育投资中心（有限合伙）、万达金粟投资管理有限公司、天津万瑞汇新资产管理中心（有限合伙）及A+轮投资方股东——上海云锋新创股权投资中心（有限合伙）、北京普思投资有限公司、萍乡市东方汇富投资中心（有限合伙）、上海奇成投资合伙企业（有限合伙）、范某某、陈某某、王某某的一致同意通过。乐视控股作为乐视体育的控股股东，二者之间拆借资金应经股东会按公司章程规定的表决程序表决通过后方可实施。除此之外，第三人乐视体育在年度预算之外，发生任何超过500万元人民币的债务或支出（无论是单笔或通过一系列相关的交易），须经全体董事过半数同意，且还需包括万达投资董事、云锋投资董事、东方汇富董事的同意方可通过，或经共同书面批准同意。

另外应当注意的是,从目前已经提供的借款和委贷合同签署时间看,合同签署时间均在B轮融资之后,B轮融资后的董事、高管应依据B轮融资后现行有效的公司章程通过相关程序决定是否继续履行,不应在未经新股东会及新董事会的有效决议下按照原股东会或原董事会的决议(不论是否有效)履行相关职务。

被告雷某某作为乐视体育董事及高级管理人员,被告高某某作为乐视体育法定代表人及董事,被告周某某作为乐视体育财务负责人,未经乐视体育股东会合法合规授权,向关联方乐视控股提供超40亿元巨额借款;未经乐视体育董事会合法合规授权,在年度预算之外,发生超过500万人民币的支出,违反了公司章程规定;三被告未尽忠实义务和勤勉义务,违反乐视体育公司章程规定,在未经股东会及董事会同意的情况下,将公司资金借贷给他人,违反了《公司法》规定。

(2)被告雷某某、被告高某某、被告周某某违法违规将乐视体育巨额资金出借给关联方乐视控股侵害了原告的合法权益。

原告东方汇富经与乐视体育分两次签署《A+轮融资协议》与《B轮融资协议》后,通过实缴出资350 000 000元人民币,持有第三人乐视体育4.14%股权,成为乐视体育股东之一,并在A+轮融资后B轮融资前委派董事一名。自2016年4月起,被告雷某某作为乐视体育董事及高级管理人员,被告高某某为乐视体育法定代表人及董事,被告周某某作为乐视体育的财务负责人,在未经第三人乐视体育股东会与董事会合法授权之下,违反公司章程及法律规定向乐视控股提供超40亿元巨额借款;截至2017年6月,第三人乐视体育仍对乐视控股享有超20亿元借款债权,最终致使第三人乐视体育资金不足,2016年度发生巨额亏损、现金流不足以偿还负债、商业信誉下降,经营严重困难,并持续恶化。原告作为第三人乐视体育的股东,股东权益严重受损,具体如下。

第一,第三人乐视体育企业估值明显减少。第三人乐视体育的企业估值经各投资方合理确认,真实有效。

依据《B轮融资协议》约定，B轮融资后第三人乐视体育的企业估值为人民币 21 877 235 148.6 元。

《B轮融资协议》中约定，第三人乐视体育后续对外进行股权性融资（包括但不限于增资、发行可转换债或认股权等各种形式，但不包括根据股东会或董事会正式批准的届时的员工股份期权计划而发行的股份/期权），原股东不得以低于基准估值的价格向任何第三方转让或以任何其他方式处置其所持有公司股权，其中基准估值系 A+轮基准估值与 B 轮基准估值的合称，若投资方书面同意第三人乐视体育以低于基准估值的估值基础对外进行股权性融资，则投资方有权（并由各投资方分别单独决定）要求第三人乐视体育（和/或原股东）采取任何或所有的适当措施抵消该对外融资的估值低于基准估值所引起的摊薄。除此之外，第三人乐视体育及原股东均在《B轮融资协议》上签字盖章确认，且三被告均未提供证据表明第三人乐视体育及原股东在《B轮融资协议》上签字盖章意思表示存在瑕疵。依据《中华人民共和国民法通则》第四条规定："民事活动应当遵循自愿、公平、等价有偿、诚实信用的原则。"第三人乐视体育及原股东对 B 轮融资时乐视体育的企业估值为人民币 21 877 235 148.6 元是承认的。因此，B 轮基准估值真实、合法、有效，且 B 轮融资时第三人乐视体育的企业价值应不低于 B 轮基准估值。

第三人乐视体育的企业估值，系经合理、科学的方法确认。被告辩称，企业估值为各投资方协商议定，不具有参考价值。但原告在此试问被告，A+轮投资人与 B 轮投资人均系具有多年丰富投资经验与较大规模投资管理经验的投资人，是否会无理由且不合常理的随意高估被投资目标价值，或者浪费较多的资金去投资企业价值较小的企业？依据正常的商业逻辑与常识判断，以投资为主营业务的各投资人是不会的。因此被告的辩称是不合逻辑的。

在私募投资基金股权投资业务中，投资人开展私募股权投资业务，不是如被告所言由各投资人随意商定被投资目标企业价值，而是会依据科学合理的计算方法确定被投资目标企业的企业价值，并进而据此确定各投资人投资金额及所占股权比例。针对案涉估值，目前具有参考意义的是中国证券投资基金业协会发布的于2018年7月1日实施的《私募投资基金非上市股权投资估值指引（试行）》（以下简称《估值指引》）。《估值指引》明确指出，非上市股权投资，基金管理人应当充分考虑市场参与者在选择估值方法时考虑的各种因素，并结合自己的判断，采用多种分属不同估值技术的方法对非上市股权进行估值，具体的估值方法主要系市场法、收益法以及成本法三大方法，三大方法下含多种具体操作方法。原告在此引用《估值指引》论证，并不是旨在说明原告在投资第三人乐视体育时参照了《估值指引》，而是意在说明，在开展私募股权投资业务中，被投资目标企业的企业估值是依据诸如《估值指引》中包含的各种科学合理的计算方法确定的。

根据《2016年审计报告》，乐视体育2016年年底净资产为6 632 214 785.93元人民币，依据估值具体的计算方式：企业估值＝净资产×X（倍数），考虑到目前乐视体系整体的运营状况，以及第三人乐视体育因三被告违规经营陷入经营困难，被告提供的由（〔2018〕京中信内民证字04374号）公证的微信聊天内容能证明乐视体育经营困难，所以上述公式中$X \leq 1$，据此，第三人乐视体育目前估值最大值为6 632 214 785.93元人民币，第三人乐视体育的企业估值明显减少。

第二，原告股东权益明显受损。首先，乐视体育的A轮和B轮融资是私募股权投资；其次，原告投资乐视体育的目的是乐视体育成功上市从而获得股权溢价，这里"溢价"的取得是根据原告投资的投资金额及综合企业估值结果折算占股比例确定。

依据《A+轮融资协议》与《B轮融资协议》，各投资方对乐视体育开展股权投资的唯一目标是通过扶持乐视体育做大做强主营业务成功上市，进而取得股权溢价并从中获取利润，对此《A+轮融资协议》与《B轮融资协议》的第2.5条均有明确约定，也因此各投资方才向乐视体育投资巨额资金。对于《A+轮融资协议》与《B轮融资协议》的内容，被告雷某某、高某某作为签署人之一非常清楚。原告作为私募股权投资机构投资乐视体育成为乐视体育股东，不同于乐视体育的原始股东，原告投资乐视体育股权的目的是通过股权价值获取投资利润。本案中三被告违反法律规定，违反公司章程规定，将乐视体育资金出借给关联企业，致使乐视体育经营困难，并持续恶化，乐视体育企业价值持续降低，直接导致了第三人乐视体育股权价值大幅度减少，直接损害了原告的利益，损害了原告投资金额所占股权比例的价值。

B轮融资后，原告投资乐视体育共实缴出资 3.5 亿元人民币，持有乐视体育 4.14%股权，乐视体育基准估值为 21 877 235 148.6 元人民币，对应的价值为 905 717 535.152 元人民币。但被告雷某某、被告高某某、被告周某某，违反公司章程及法律规定，违反融资协议，将乐视体育资金用以给关联方提供巨额借款，最终导致乐视体育资金短缺，利润大幅下滑后，乐视体育目前最大估值为 6 632 214 785.93 元人民币，对应的估值为 274 573 692.137元人民币，原告直接受损失为 631 143 843.015 元人民币。原告此处所遭受的 6 亿元人民币损失，并非系因乐视体育正常运营失利而导致，其主要原因与直接原因是三被告违反公司章程规定，违反法律规定，违反融资协议，将乐视体育主营业务所需资金拆借给关联方乐视控股所致。原告作为乐视体育投资股东，其享有的股权占比虽没有变化，但其代表的价值却大幅减少。被投资的乐视体育股权是原告的权利凭证，也是股权获利的利润来源，更是其投资的实质载体，三被告的违法违规出借资金行为，最终导致了原告享有的股权价值大幅折价，股东权益直接受损。

第三，原告利益受损是三被告故意侵权导致。

被告雷某某、被告高某某及被告周某某作为乐视体育的董事、高级管理人员及财务负责人，在未经乐视体育股东会及董事会合法授权的情形下将 40 多亿资金出借给关联方乐视控股，显然是违反了《A+轮融资协议》与《B轮融资协议》以及 A+轮后公司章程的规定，未尽忠实义务和勤勉义务，违法违规情节严重，且其借款行为也偏离了乐视体育的主营业务范围。

同时，依据原告提供的证据 9 中的"鉴于"部分："1. 出借方、借款方及双方实际控制人贾某某先生于 2016 年 6 月签署了《担保和借款框架协议》。根据《担保和借款框架协议》约定,出借方同意在 B 轮融资资金到位后,在借款方资金紧张时,在其能力范围内为借款方提供资金支持";由此可明确得出:被告雷某某、被告高某某、被告周某某刻意挪用融资资金,明知损害了原告作为股权投资人的利益却仍出借融资资金,直接损害了作为投资人的原告的合法权益;其辩称做出借款行为是为盘活公司账面资金、获取投资利益,没有事实根据与合法证据。

原告同时声明:原告保留适时追究三被告挪用资金罪的刑事责任。

(3) 原告主体适格。

第一,原告主体适格的法律及理论依据。原告作为通过私募股权投资方式进入乐视体育的投资股东,依照前述"(二) 被告雷某某、被告高某某、被告周某某的违法违规放贷行为侵害了原告的合法权益"的陈述,可得知:

本案中三被告违反法律规定,违反公司章程规定,将乐视体育资金出借给关联企业,致使乐视体育经营困难,并持续恶化,企业价值持续降低,乐视体育股权价值大幅度减少,直接损害了原告的股东利益,三被告应承担赔偿责任。原告特依据《公司法》第一百五十二条的规定,"董事、高级管理人员违反法律、行政法规或者公司章程的规定,损害股东利益的,股东可以向人民法院提起诉讼",向贵院依法提起诉讼,原告主体适格。

原告辩称,在投资基金业务繁荣的时期,广大投资人如果对某一目标企业开展了私募股权投资,但被投资目标企业的董事、高级管理人员及财务负责人违法违规经营被投资目标业务,肆意损害投资人股东权益,并且在被投资目标企业沦落到无法正常运营时,董事、高级管理人员及财务负责人以离职为理由,或以其是损害的是公司利益非损害股东利益股东无权对其提起诉讼为由,主张其违法违规行为可不承担任何责任,这是法律的公平正义价值所不允许的,也是包括原告在内的广大投资者所不能接受的。

根据《公司法》立法沿革我们可以看出，2004年及之前的《公司法》不承认"刺破公司面纱"制度，也不承认公司股东享有诉"公司董事、高级管理人员及财务负责人"的权利。随着我国改革开放的深入与中国特色社会主义市场经济的发展，2005年全国人大常务委员会审议通过的《公司法》将"刺破公司面纱"制度与公司股东享有诉"公司董事、高级管理人员及财务负责人"权利写入《公司法》，规定，"公司股东滥用公司法人独立地位和股东有限责任，逃避债务，严重损害公司债权人利益的，应当对公司债务承担连带责任"；"董事、高级管理人员违反法律、行政法规或者公司章程的规定，损害股东利益的，股东可以向人民法院提起诉讼"；并将"公司董事、监事、高级管理人员的资格和义务"独立成章，这彰显了我国从立法上对"公司董事、监事、高级管理人员的资格和义务"的重视，显现出我国对"公司董事、监事、高级管理人员的资格和义务"监管也越来越严格。如今考虑到私募股权投资的特性，投资人向被投资目标企业投入资金成为投资股东，其最终目的是为取得股权溢价并成功退出，被投资目标企业的股权是投资人投资的载体与获得利润的来源，如果被投资目标企业因正常的运营失误导致股权价值及企业价值受损，这实际上是原告等作为私募股权投资人的投资失利；但如果是被投资目标企业的董事、监事、高级管理人员故意损害公司财产，损害公司价值及股权价值，则其理应向股权投资人承担赔偿责任，这也是《公司法》的修法目的和立法本意所在。

依据现行有效的《公司法》第一百五十二条规定："董事、高级管理人员违反法律、行政法规或者公司章程的规定，损害股东利益的，股东可以向人民法院提起诉讼。"此规定不同于《公司法》第一百五十一条规定的股东代表诉讼。文义解释是法律适用时的基本解释方法之一，也是最基本的解释方法与首选的解释方法，因此，在法律规定股东享有直接起诉公司董事、监事、高级管理人员的权利且法律文本规定无歧义时，无须采取历史解释或目的解释等解释方法，凭空再添歧义。

根据原告上述提供的证据及事实说明，被告雷某某、被告高某某、被告周某某的行为显然直接侵害了原告作为乐视体育的股东合法权益，原告依法享有对告雷某某、被告高某某、被告周某某直接提起诉讼的权利，原告主体适格。

第二，类似案例依据。依据北京市第一中级人民法院于2012年10月22日就"匡某某与廖某某、田某某损害股东利益责任纠纷上诉案"作出的（〔2012〕一中民终字第11335号）判决书："依照《中华人民共和国公司法》第一百五十二条'董事、高级管理人员违反法律、行政法规或者公司章程的规定，损害股东利益的，股东可以向人民法院提起诉讼'的规定，损害股东利益责任纠纷是指公司董事、高级管理人员违反法律、行政法规或者公司章程的规定，损害股东利益，应当对股东承担损害责任而与股东发生的纠纷，目的是防止发生公司董事、高级管理人员的道德风险，侵害公司股东的利益。董事、高级管理人员侵害股东利益是一种侵权行为，民事责任的承担以董事、高级管理人员违反法律、行政法规或公司章程的规定为前提。"可以看出，对于公司董事、高级管理人员侵害股东利益的，股东享有对公司董事、高级管理人员直接提起诉讼的权利。

被告提供的最高人民法院于2016年12月26日作出的（〔2016〕最高法民申84号）裁定书，在李某某与郝某某、通化矿业（集团）有限责任公司损害股东利益责任纠纷申诉、申请民事裁定案中，法院未支持原告要求被告公司董事、高级管理人员承担赔偿责任，是因为该案例与本案有着本质的不同。

首先，李某某提起诉讼时已将其持有的选煤公司30%股份全部转让，已不再具备股东资格，但本案原告仍享有股东资格。

其次，李某某主张的损失与本案原告主张的损失亦有不同，李某某主张的系投资决策、收取分红等股东权益，是间接损失，但本案原告主张的系三被告的违法行为侵害原告的股权价值，侵害的是原告所享有的股权权利本身，是直接损失。本案中，三被告违法违规发放贷款，导致原告所享有的股权价值减少，股权所代表的权益价值折损，原告作为私募股权投资机构，其投资收益来源于所投资的股权价值与上市后企业价值或并购等方式退出时企业价值的价差，目标系股权溢价，原告股权投资的主要目的不是获取利润分红。

再次，本案中原告享有的股权价值减损，非因乐视体育正常运营失策而导致的减损，而是三被告故意发放贷款、挪用公司融资资金、偏离公司主营业务导致的结果，属严重过错行为。

最后，李某某案中最高人民法院根据《中华人民共和国公司法》第一百五十二条"董事、高级管理人员违反法律、行政法规或者公司章程的规定，损害股东利益的，股东可以向人民法院提起诉讼"的规定，认同法律赋予了股东可以就高管人员的侵权行为提起股东直接诉讼的权利，只是需证明董事、高级管理人员的违法行为与原告的损失有因果关系。结合私募股权投资活动的特性及本质，本案中三被告的违法违规行为明显直接侵害了原告的合法权益，原告所遭受的股权价值减损及所拥有的企业价值损失是三被告的违法违规放贷行为直接导致的结果，具有直接因果关系。

综上，本案原告针对三被告直接侵害原告股东权利提起诉讼，诉讼主体适格。

2. 被告雷某某应当承担赔偿责任

被告雷某某作为乐视体育董事，违反法律、章程向关联方乐视控股出借巨额资金，应依法承担赔偿责任。具体内容如下。

（1）被告雷某某向乐视控股出借资金违反法律规定与章程规定。

首先，被告雷某某提交的简版A+轮章程非A+轮融资后乐视体育实际运营所依据的公司章程，其实际采用的是各股东于2015年4月27日签署的A+轮章程。

其次，根据原告提供的经公证的补充证据，第三人乐视体育给予乐视控股借款安排的董事会决议为倒签，即先实施了借款行为，之后才要求投资方各董事签署批准文件，这证明案涉借款安排决策程序违反公司章程，属无效行为。

再次，第三人乐视体育向关联方出借款项，依据A+轮章程规定，不仅需要经超过半数有表决权的股东同意，而且需要经投资方股东一致同意方可通过，但被告未提供相关的股东会决议文件。因此，案涉借款安排决策程序不合法。

最后，质证阶段被告雷某某辩称，依据工商备案的简版A+轮章程第十七条规定，第三人乐视体育给予乐视控股借款安排的董事会决议已经5名参会董事一致同意，时任董事共7名，按一人一票表决规则，表决结果已超二分之一，决议有效，合法。但第三人乐视体育实际运营所依据的是各股东于2015年4月27日签署的A+轮章程，非简版A+轮章程。依据A+轮章程规定，第三人乐视体育向其关联方乐视控股出借款项，不仅需要经代表过半数表决权的股东同意通过，同时还需万达投资、云锋投资以及东方汇富一致同意通过。乐视控股作为乐视体育的控股股东，二者之间拆借资金应经股东会按公司章程规定的表决程序表决通过后才可实施。第三人乐视体育在公司年度预算之外，董事会批准公司发生任何超过500万人民币的债务或支出，除须经全体董事过半数同意，还需经万达投资董事、云锋投资董事、东方汇富董事的一致同意（或经共同书面批准）方可通过。因此，案涉借款安排决策程序不合法，无效。

（2）被告雷某某对乐视体育将巨额资金出借给关联方乐视控股过程中积极配合，且存在过错。

首先，通过被告雷某某提供的证据证明，第三人乐视体育作为公司法人主体的独立性已丧失，被告雷某某作为乐视体育的实际负责人，应保证乐视体育独立、合法合规运营，当公司出现独立性缺失时，应及时采取解决措施并向股东会及董事会汇报，被告未针对此情形采取行动，违反了法律规定和公司章程的规定，被告雷某某作为乐视体育高级管理人员及董事应对此承担责任。

其次，被告提供的（〔2018〕京中信内民证字04375号）公证书显示，乐视体育与乐视控股的资金拆借邮件均发送或抄送给了被告雷某某及乐视控股实际控制人贾某某，且内容是以请示被告雷某某批示的语气发送，这表明被告雷某某对资金拆借事宜不但清楚明晰，而且具有实际的决定权。由此看出，被告雷某某作为乐视体育的高级管理人员及董事及实际负责人，对此事不论从章程而言还是从法律上而言，均负有积极的作为义务；但被告雷某某却在涉案借款发生时采取不作为的行为方式，存在明显过错。

再次，被告雷某某辩称，部分拆借资金的邮件没有经过他手，但在出现资金拆借邮件未发送或抄送给被告雷某某情况后，2016年6月8日被告周某某发送给乐视控股段某某的邮件特意通知段某某资金调配邮件需发送被告雷某某。这足以说明，被告雷某某对于乐视体育于乐视控股之间的资金拆借事宜完全知情，且是同意积极配合的。

最后，被告雷某某辩称从未回复过相关邮件，但其作为公司最高管理人员，对于公司如此大金额的资金拆借事宜明知却不实施积极管理职责，更证明了被告雷某某在整个借款过程中存在重大过错。还需说明的是，被告有没有回复资金拆借邮件均系其一面之词，原告有充分理由怀疑被告故意隐瞒了其回复的邮件及其内容。

（3）案涉借款安排非系正常商业行为。

首先，案涉借款安排在未经股东会及董事会合法授权下实施，整体存在违反法律和公司章程的规定的情形。

其次，根据原告提供的《借款协议》，"出借方、借款方及双方实际控制人贾某某先生于2016年6月签署了《担保和借款框架协议》"，以及《担保和借款框架协议》约定，"出借方同意在B轮融资资金到位后，在借款方资金紧张时，在其能力范围内为借款方提供资金支持"，表明该资金非系正常商业行为。

再次，被告雷某某明知违反法律及公司章程，却仍违法、违约实施借款行为。

最后，根据被告提供的[（2018）京中信内民证字04375号]公证书，也可以证明案涉借款安排不是正常商业行为，而是蓄意挪用乐视体育投资者投资资金的行为。综合上述四点，可证明乐视体育将巨额资金出借给乐视控股并非被告雷某某所称的案"提高账面资金使用效率"的行为，而是非正常的商业行为。

(4) 被告雷某某及第三人乐视体育想方设法解决案涉债务，是在弥补其之前过错，并不能证明其先前案涉借款安排的合法合规性。

综上，被告雷某某应承担因其违法违规向关联方乐视控股发放贷款导致原告股东权益受损的赔偿责任。

3. 被告向关联方出借资金程序违法违规

依据 A+ 轮章程规定，乐视体育向其关联方乐视控股出借款项，须经代表过半数表决权的股东同意通过，且其中还应经 A 轮投资方股东及 A+ 轮投资方股东的一致同意通过。乐视控股作为乐视体育的控股股东，二者之间拆借资金应经股东会按公司章程规定的表决程序表决通过后，方可实施。

三被告向乐视控股出借资金，辩称其是依据"董事会决议"授权后合法合规做出借款安排，但依据章程规定，首先是向关联方出借资金董事会无权作出决议；其次是即使董事会有权决定，对于发生任何超过 500 万元人民币的债务或支出（无论是单笔或通过一系列相关的交易），除须经全体董事过半数同意外，还需包括万达投资董事、云锋投资董事、东方汇富董事的一致同意才有效，三被告依据的"董事会决议"仅有东方汇富董事一人签字，万达投资董事、云锋投资董事双方均未签字，在此属无效。因此，不论东方汇富董事是否在董事会决议上签字，董事会决议对于案涉借款安排均不具有效力，三被告案涉借款安排违法违规。被告对东方汇富董事的指责实质上是混淆法律关系，混淆视听，暂且不论这份董事会决议形成过程的瑕疵，在没有公司章程规定的其他投资方董事签署的情况下，涉案的这份董事会决议依然不符合公司章程，各被告不能依据这份公司章程违法行事。

4. 被告雷某某、被告高某某、被告周某某损害了原告的合法权益

原告东方汇富经与乐视体育两次签署 A+ 轮融资协议与 B 轮融资协议后，通过实缴出资 350 000 000 元人民币，持有第三人乐视体育 4.14% 股权，成为乐视体育股东之一。在民商事交易习惯中，私募股权投资主要是通过股权转让获得资本增值收益的投资方式，股权投资者的投资目的是期待通过上市、管理层收购和并购等股权转让路径出售股权而获利，而非主要是期待获取利润分红。股权价值溢价是投资者期待的主要投资收益。原告向第三人乐视体育进行股权投资，其目的是期待乐视体育上市后转让乐视体育股权（股票）以获得收益；其中A+轮融资协议第2.5.1（1）约定："公司未能在交割日的五（5）年内完成合格上市的"，原股东承诺回购，由此约定亦可验证原告的主要投资目的。原告等投资者向乐视体育提供资金，为的是支持乐视体育开展主营业务，尽快完成乐视体育上市，而非如三被告所辩称的将原告等诸多投资者的几十亿元投资资金用来开展放贷业务以获取收益，且放贷业务不属于乐视体育经营范围。三被告同时作为乐视体育的董事、高级管理人员，应严格遵守《公司法》第一百四十七条"董事、监事、高级管理人员应当遵守法律、行政法规和公司章程，对公司负有忠实义务和勤勉义务"等规定，努力拓展乐视体育的主营业务，尽早实现公司上市。

三被告在未经股东会授权情况下擅自将乐视体育40多亿元融资资金拆借给关联方乐视控股，致使乐视体育资金短缺，经营困难，公司价值大幅度减少，公司股权价值降低，原告所拥有的股权价值减少，最终导致原告无法获取收益且利益受损，损害了原告的合法权益。

5. 被告马某某对夫妻共同债务承担连带责任

依据最高人民法院关于适用《中华人民共和国婚姻法》若干问题的解释（二）第二十四条，"债权人就婚姻关系存续期间夫妻一方以个人名义所负债务主张权利的，应当按夫妻共同债务处理"；被告马某某为被告雷某某之妻，应对被告雷某某之债务承担连带责任，因此，被告马某某系本案的适格被告。

6. 被告高某某作为乐视体育的法定代表人、董事对借款造成的损失承担赔偿责任

第一，被告提供的（〔2018〕京中信内民证字04375号）公证书能证明：被告高某某为乐视体育高级管理人员，其知悉乐视体育的重大事项，且参与其中，而非其辩称的"挂名法定代表人"。

第二，在法律中不存在"挂名法定代表人"概念。

第三，被告高某某作为乐视体育的法定代表人及董事，积极参与将乐视体育的巨额资金违法违规出借给关联方乐视控股，并在出借过程中起主要作用，导致原告乐视体育的股权价值严重受损，应对此承担相应的赔偿责任。

7. 被告周某某作为乐视体育的财务负责人对案涉借款损失承担赔偿责任

（1）周某某作为乐视体育的财务负责人，系本案的适格被告。

周某某在乐视体育的身份，既要看劳动合同，也要看实际履行职责中的实际身份。《中华人民共和国会计法》第三十六条规定："各单位应当根据会计业务的需要，设置会计机构，或者在有关机构中设置会计人员并指定会计主管人员；不具备设置条件的，应当委托经批准设立从事会计代理记账业务的中介机构代理记账。"财务负责人并不当然就是财务总监，各单位可以根据需要指定会计主管人员。通过被告雷某某提供的第二组证据，以及被告提供的［（2018）京中信内民证字04375号］公证书内容可证，周某某直接对乐视体育实际负责人雷某某负责，周某某直接参与了乐视体育与乐视控股之间的资金拆借，在乐视体育财务部门周某某系部门负责人，因此系乐视体育的财务负责人，系本案适格被告。

（2）案涉借款未经股东会及董事会合法授权，被告周某某积极参与将乐视体育资金出借给关联方的程序，应赔偿原告遭受的股权价值损失。乐视体育将巨额资金出借给关联方乐视控股，被告周某某在未收到乐视体育股东会及董事会的合法授权的情况下，积极参与案涉借款安排违规出借程序，最终导致原告股东利益受损，应对原告承担赔偿责任。

8. 该诉讼纠纷对私募基金行业的影响

根据中国证券投资基金业协会（以下简称"协会"）发布的2018年第1期管理人登记及私募基金产品备案月报显示，截至2018年1月底，协会已登记管理人22 883家，已备案私募基金69 086只，管理基金规模11.76万亿元，其中私募股权投资基金22 802只，基金规模6.45万亿元，私募股权投资占私募基金业务近55%；这足以证明私募股权投资在我国经济发展中的重要性。

三被告作为私募股权投资业务中被投资人的董事、高级管理人员，拿着远高于普通行业工作人员的薪资，在日常工作中不仅未对公司尽到勤勉尽责的义务，还随意挪用公司投资者（股东）的资金，致使公司资金短缺陷入经营困难，却拒绝承担任何责任。原告等众多私募股权投资业务的投资者不敢想象，整个私募基行业投资者投资金额达几万亿资金，如果被融资人的董事、高级管理人员违法违规出借后却不用对投资者承担责任，投资者以及基金合格投资者的权益如何能够得到保护。

为此请法院根据被告雷某某、被告高某某、被告周某某损害原告合法权益的事实，依法维护法律公平正义的价值，维护包括原告在内的广大投资者合法权利，正确引导整体私募投资基金行业发展，维护原告的合法权利。

（四）案件结果

法院经审理后认定，雷某某、高某某在乐视体育公司担任董事一职，属于乐视体育公司的高级管理人员。对于周某某是否属于高级管理人员，法院认为，乐视体育公司章程未对高级管理人员作出明确规定，周某某虽担任公司的财务副总监，但鉴于该公司章程对其身份未明确规定，故其不属于公司法规定的高级管理人员，不受《公司法》第一百四十八条及一百五十二条规定的约束。马某某与雷某某系夫妻关系，亦非乐视体育公司的工作人员或管理人员，故其亦不属于公司法规定的高级管理人员的范围。

对于东方汇富中心提出的公司董事雷某某、董事长高某某在其持股期间存在违反公司章程为乐视控股（北京）文化有限公司提供40亿元借款的行为，确定上述人员是否存在违反公司章程规定的行为是本案的关键问题。

根据2015年4月27日各方签署并通过的乐视体育公司修订的公司章程（A+轮）规定：公司与其任何股东、董事、管理人员、员工或其他内幕人员及该等人员的任何家庭成员或关联方之间的任何交易（包括签署、修改或终止与关联方之间签署的任何协议）要经过股东会同意。本案中，根据查明的事实能够确认雷某某、高某某在担任乐视体育公司的董事期间乐视体育公司向乐视控股公司提供40亿元借款的事实。虽然该借款行为系基于乐视体育公司的临时董事会所形成的决议内容而为，但鉴于乐视体育与乐视控股公司存在关联关系，该决议内容仍应当经由股东会讨论通过，故借款行为本身违反了公司章程的规定。但就本案中涉及的雷某某、高某某是否违反公司章程的规定（即未按公司章程规定召开股东会讨论）是否签署关联交易合同，需要结合公司章程、股东知情权、异议权、表决权以及召开临时股东会议的权利综合分析判断。根据A+轮公司章程的规定，股东会定期会议每年召开一次。代表十分之一以上表决权的股东、三分之一以上的董事、监事提议召开临时会议的，应当召开临时会议。股东会由董事会召集，董事会不能履行或者不履行召集股东会会议职责的，由公司的监事召集和主持；监事不召集和主持的，代表十分之一以上表决权的股东可以自行召集和主持。本案中，未有证据表明雷某某、高某某存在侵害股东东方汇富中心知情权、异议权、临时股东会召开权、表决权等行为，故不能将股东会未召开审议涉案关联交易仅仅归结为个别董事的责任。但高某某作为董事，同时也是乐视体育公司的法定代表人，在明知涉案协议未经股东会讨论的情况下，参与签订了乐视体育公司与乐视控股公司《借款协议》（借款金额2亿元），其行为违反了公司章程中第八条的相关规定。对于雷某某、高某某主张本案应以在工商管理机关备案的公司章程为依据的意见，因备案章程与东方汇富中心提交的章程在内容上不一致，备案章程中仅有乐视体育公司的印章，无其他股东确认内容，而东方汇富中心所提供的公司章程中有全体股东的签字确认，且本案系损害股东利益责任纠纷，故应以东方汇富中心所提交的公司章程（A+轮）为依据，故对于雷某某、高某某的该项主张法院不予采信。

在股东起诉董事、高级管理人员的案件中，应当以实际损害已经发生或必然发生为前提。对于本涉案及的40亿元借款，东方汇富中心主张上述借款致使乐视体育公司经营严重困难，给其造成损失。法院认为，根据

《公司法》第四条,公司股东依法享有资产收益、参与重大决策和选择管理者等权利以及《公司法》第三十四条股东按照实缴的出资比例分取红利等相关规定,东方汇富中心在向公司完成出资、成为公司股东后,只能依据公司法以及公司章程的规定享有分取红利、分配剩余财产等股权权利,即公司财产与股东财产相分离。但股东的财产权益能否实现还需取决于公司的经营管理效益,故当董事、高级管理人员在违反法律、行政法规或公司章程的规定实施了直接损害股东利益的行为时,股东方可通过诉讼方式维护自身合法权益。而在本案中虽然存在东方汇富中心所主张的董事高某某违反公司章程的行为,但其后果首先是导致乐视体育公司的债务增加,造成债务不能清偿有诸多原因,且即便不能清偿,也仅构成乐视体育公司的损失,仅是间接损害了东方汇富中心作为股东的利益,而与东方汇富中心自身财产权益之间并不存在直接的因果关系。东方汇富中心以其享有乐视体育公司的"股权比例"为依据,要求雷某某、高某某赔偿其损失,混淆了"损失"承受的主体,也违反了股东仅以其出资承担"有限责任"的基本原则,故该项诉讼请求没有法律依据,应予驳回。

综上所述,法院判决驳回原告萍乡市东方汇富投资中心(有限合伙)的诉讼请求。

(五) 案后结语

私募股权投资基金行业发展的一个痛点是:不是投资人不愿承担商业风险,投资人无法容忍的是项目实际控制人、项目管理层失去信用,置商业精神于不顾侵害投资人。私募股权投资基金如何看"人"投"人"是个更大的学问。本案对私募股权投资基金行业的影响是巨大的,我们代理本案时,希望司法能通过裁判调整规范私募基金行业发展中的"道德风险",但结果很遗憾。不解决上述问题,委托代理制下的公司治理模式就始终不能解决职业经理人的"道德风险"问题。

八、王某某诉华融证券、中国工商银行股份有限公司北京分行消费者维权案

（一）案情简介

2016年5月26日，王某某与华融证券、工商银行签订《资产管理合同》，约定资产管理期限为18个月（经管理人公告可以延期6个月），集合计划存续期届满拟展期时，管理人应当于原存续期届满一个月前与托管人协商展期事宜；管理人在收到托管人同意展期的文件后5个工作日内在网站进行公告通知委托人；管理人应对不同意展期的委托人退出事宜作出公平、合理安排，管理人应当在原计划到期日对其持有的计划份额一次性统一办理退出手续。2017年10月23日，华融证券将集合计划到期结束日调整为2018年5月23日。王某某认为，管理期限已经届满，华融证券应按《资产管理合同》的约定在原计划到期日对王某某持有的计划份额一次性统一办理退出手续，华融证券违反合同约定，起诉要求华融证券向王某某返还兑付本金及收益共计945 200元，华融证券被起诉后委托笔者代为解决此次纠纷。

（二）原告王某某观点

原告认为，《资产管理合同》中有关"经管理人公告，可以延期六个月"的约定系华融证券为重复使用而预先拟定并在订立合同时未与原告协商的条款，该条款约定的内容显然置原告的利益于不顾，严重侵犯了原告的资金使用权，免除了华融证券按时返还本金及收益的义务，因此，该约定无效，华融证券无权单方面延长管理期限，管理期限仍为18个月。现管理期限早已届满，华融证券应按《资产管理合同》的约定在原计划到期日（实际到期日为2017年11月24日，华融证券单方面延长至2018年5月23日）对原告持有的计划份额一次性统一办理退出手续，但华融证券仅向原告兑付了部分本金及收益，华融证券的行为严重违反了《资产管理合同》的约定。

(三) 我方观点

针对原告提出的观点,我方代表华融证券提出如下答辩意见。

1. 关于本案的基本事实

2016年5月24日,华融定增5号集合资产管理计划(以下简称"定增5号")成立,管理人为华融证券,托管人为中国工商银行股份有限公司北京市分行,产品存续期限为18个月(自2016年5月24日起至2017年11月24日结束),份额面值为人民币1.00元/份。2016年5月26日,原告与华融证券、托管人签订《资产管理合同》,以人民币1 000 000元认购定增5号份额1 000 000份。定增5号共计募集产品份额200 771 760.79份,其中170 655 760.79份为银行代售(以下简称"定增5号A"),剩余份额由华融证券依据《资产管理合同》第六条以自有资金认购(以下简称"定增5号B")。定增5号成立之后,华融证券根据《资产管理合同》第四条第(四)项的约定,在A股市场陆续选取了四只非公开发行的上市公司股票作为投资对象。根据中国证券监督管理委员会(以下简称"证监会")颁布的《上市公司证券发行管理办法》(证监会令第30号)第三十八条第(二)项规定,以及《上市公司非公开发行股票实施细则》[证监会公告(2017)5号]第十条规定,上市公司非公开发行的股份自发行结束之日起12个月内不得转让(以下简称"限售期")。鉴于定增5号投资的最后一只股票发行结束之日为2016年10月21日,根据前述规定,该产品所投资的股票最早可全部减持完毕的时间节点应为2017年10月21日之后的第一个交易日,即2017年10月23日。

然而,2017年5月27日,证监会颁布了《上市公司股东、董监高减持股份的若干规定》(证监会公告〔2017〕9号),该文件第九条第三款针对上市公司非公开发行股份的减持作出了新的要求。据此,上海证券交易所及深圳证券交易所于2017年5月27日分别出台《上海证券交易所上市公司股东及董事、监事、高级管理人员减持股份实施细则》(上证发〔2017〕24号)及《深圳证券交易所上市公司股东及董事、监事、高级管理人员减持股份实施细则》(深证〔2017〕820号),对调整非公开发行股份的减持工作的规范进行了细化（前述规定合称《减持新规》）。根据《减持新规》的相关规定，股东在限售期结束后十二个月内通过集中竞价交易方式减持非公开发行股份的，最多不得超过通过该次非公开发行方式所持有股份的50%。据此，定增5号在最后投资的股票限售期结束的12个月内（也即2018年10月23日之前），无法对全部股份减持完毕，进而也难以对产品展开清盘及分配利益等相关工作。鉴于定增5号在约定的管理期限届满之日（也即2017年11月23日前）无法完成清盘，华融证券根据《资管合同》第四条第（五）项的约定，于2017年10月23日发布《华融定增5号集合资产管理计划延期公告》，对定增5号的管理期限进行了延期6个月的处理，将本产品结束日调整为2018年5月23日。

  同时，在定增5号的正常管理期间，为维护委托人利益，华融证券在审慎研究及尽职调查的基础上，根据《资管合同》第四条第（四）项及第十七条第（一）项第三点的约定，对定增5号部分资产采用了收益互换工具，与有履约能力的第三方签订了收益互换合约，对冲定增资产因市场波动所产生的风险。而收益互换工具的采纳将影响产品净值的确定，故华融证券于2017年10月31日发布《华融定增5号集合资产管理计划估值调整的说明》，对产品的估值方法作出调整，将收益互换工具体现在产品估值当中，从而替换了原本的市值法。此外，鉴于定增5号存在A、B两类，根据《资管合同》第七条第（三）项约定，在定增5号资产份额的非年化收益率大于7%的情况下，定增5号A将根据收益率的不同以相应标准向定增5号B分配收益。与收益互换工具相似，该约定亦将影响委托人的最终收益。

  2018年5月18日，鉴于在产品到期日（即2018年5月23日）之前，定增5号受《减持新规》影响，无法完成全部股份的减持工作，华融证券根据《资管合同》第二十一条第（二）项第五点的约定发布了《关于华融定增5号集合资产管理计划到期结束清算情况及后续二次清算的说明》（以下简称《清算说明》）。根据《清算说明》，定增5号计划安排两次清算流程。其中，就第一次清算工作，华融证券将基于最大程度50%的可减持比例，于第一次清算日为所有委托人持有的定增 5 号的一半份额安排退出。第二次清算工作将在 2018 年年底完成全部股份的减持工作后，以清盘日产品净值为标准，对产品进行最终清算，并完成利益分配。在此基础上，鉴于收益互换的对冲安排只有在产品持有的全部股份完成减持后方可计算并分配最终收益，且《资管合同》还在定增 5 号 A 及定增 5 号 B 之间以 7% 收益率为节点约定了部分收益让渡条款，故最终收益及收益率尚不能确定。因此，为委托人利益考虑，华融证券在首次清算安排中，以 7% 收益率为基础，向各委托人分别兑付了一半份额所含的本金及收益，具体到原告为人民币 535 000 元。剩余份额所对应的本金及收益，将在第二次清盘时根据最终收益率，并依据合同的约定，按多退少补的计算方法进行分配。基于上述安排，2018 年 5 月 21 日，华融证券发布《华融定增 5 号集合资产管理计划首次清算结果公告》（以下简称《首次清算结果》），对首次清算情况进行了公告。

2. 关于二次清算

鉴于《减持新规》的出台导致定增 5 号无法在原定管理期限到来之前完成产品所持全部股票的减持，答辩人根据合同约定对管理期限进行了 6 个月的顺延，该顺延系依据《资产管理合同》第四条第（五）项通过公告的方式作出，并非对定增 5 号管理期间的展期，故无须委托人的同意。

此外，华融证券还根据《资产管理合同》约定，针对在顺延后的集合计划终止之日仍未能流通变现的证券制定了二次清算方案，并在定增 5 号存续期间终止之前完成第一次清算，对委托人持有的定增 5 号的半数份额安排了退出。就二次清算而言，《清算说明》安排在定增 5 号剩余部分股票完成减持之后，具体时间是 2019 年 1 月 30 日。就二次清算，华融证券也已经向王某某进行了分配。

3. 王某某关于剩余兑付金额的计算存在明显错误

王某某于《民事起诉状》中主张定增 5 号在 2018 年 5 月 23 日的单位净值为 1.480 2，并据此计算出其在定增 5 号项下的本金及收益总额为人民币 1 480 200 元，进而向答辩人主张剩余未兑付的本金及收益人民币

945 200元。对此,答辩人认为,原告关于其持有的定增5号份额所对应的本金及收益的计算存在明显错误。

首先,在原告提供的中国工商银行2018年5月23日单位净值查询结果截图上,并未显示该净值系定增5号的单位净值,且该截图亦未显示查询时间及净值1.480 2的估值时间,答辩人不认可原告关于该净值系2018年5月23日定增5号净值的主张。根据答辩人与托管人进行核实,定增5号在2018年5月23日(也即进行第一次清算之前)的单位净值为1.276 0(实际上,原告主张的净值1.480 2系定增5号进行第一次清算之后(也即2018年5月24日)的当日净值,该净值并非原告在定增5号项下持有份额所对应的真实净值。根据《首次清算结果》所述,2018年5月23日首次清算的资产金额为人民币106 877 855.61元,资产份额为人民币99 885 846.37元。《清算说明》已经明确首次清算的收益率按照7%处理,也即首次清算的资产金额与资产份额之比应为1.07,故在当日单位净值为1.276 0的情况下,答辩人安排定增5号半数份额以1∶1.07的比例退出,将导致剩下的未分配资产金额与剩余半数资产份额之比大于1.276 0,也即次日5月24日单位净值估值所显示的1.480 2。因此,原告所主张的1.480 2仅是其剩余所持500 000定增5号份额在2018年5月24日的净值,而非全部1 000 000份额的该日净值,又因定增5号无法在2018年10月23日之前完成剩余部分股票的减持工作,原告主张的当日净值不具有任何参考意义。故答辩人认为原告关于本金及收益的计算所依据的单位净值存在根本错误。

其次,原告的计算方法违反了《资管合同》的约定。因答辩人采用收益互换工具影响了定增5号的净值估算,故答辩人曾在2017年10月31日对净值进行了调整。除此之外,根据《资管合同》第七条第(三)项约定,影响最终收益的还包括基于非年化收益率而在定增5号A及定增5号B之间发生的部分收益让渡。根据该约定,《资管合同》定增5号A及定增5号B在资产管理合同结束并清算时,应当根据计划资产份额到期(非年化)收益率(R)的不同收益情况,将资产增值部分按照以下方式对A

类份额和B类份额进行分配：当R<0时，若计划财产发生损失，首先由定增5号B承担，不足部分再由定增5号A承担；当0<R<7%时，两类份额之间不发生增值收益的让渡；当7%<R<20%时，须由定增5号A向定增5号B让渡其分配到的该部分超额收益的40%；当R>20%时，须由定增5号A向定增5号B让渡其分配到的该部分超额收益的50%。上述部分收益让渡条款发生在资产管理合同结束并清算时（也即未算入定增5号净值，而是直接影响最终收益）。故原告在计算方法存在错漏，未将定增5号B根据合同约定应从定增5号A处获得的部分收益考虑在内。

最后，若以定增5号在2018年11月15日的单位净值1.3426为计算依据，并将《资管合同》约定的收益让渡条款考虑在内，则原告所持定增5号全部1 000 000份额对应的本金及利息应当为人民币1 151 150元=535 000元+［净值1.3426×存续份额500 000-52 000元（7%至20%收益部分×40%）-3 150元（20%以上收益部分×50%）］；扣减首次清算已分配的535 000元后，答辩人还需向原告兑付人民币616 150元（以2018年11月15日为基准日得出），这与原告主张的金额并不一致。实际上，因定增5号剩余股份未全部减持完毕，最终净值会随股份市值的变化而相应变化，答辩人当前不能确定具体数值。

综上所述，答辩人认为定增5号二次清算的时间节点尚未届至，答辩人未违反合同约定延期兑付原告剩余本金及收益，并且原告关于本金及收益的计算过程及计算结果亦存在明显错误，其错误主张可能导致定增5号其他委托人遭受损失。因此，答辩人认为原告的诉讼请求缺乏事实基础与法律依据，不应得到支持，恳请法院驳回原告全部诉讼请求，维护答辩人的合法权益。

（四）案件结果

法院经审理认为，王某某、华融证券、工商银行之间订立的《资产管理合同》系三方当事人的真实意思表示，且不违反法律、行政法规的强制性规定，应为有效合同，各方均应当按照《资产管理合同》的约定行使合同权利、履行合同义务。本案的争议焦点在于：①华融证券对资产管理计划的两次清算时间是否违反了《资产管理合同》中关于资产管理计划管理期限的约定；②华融证券是否应当按照王某某的计算标准支付投资收益。

1. 是否存在违约行为

华融证券对资产管理计划的两次清算时间是否违反了《资产管理合同》中关于资产管理计划管理期限的约定？对此，法院认为，《资产管理合同》在风险揭示一章专门提示了投资定增5号所面临的政策风险和特有风险，并提示证券市场的系统风险和市场风险较大，因此，王某某在签署《资产管理合同》前应当预见到投资非公开上市股份（定向增发）会面临各种风险。证监会及证券交易所颁布新的证券市场监管规则，目的是为维护国家金融市场的安全、稳定、可持续发展，华融证券应当、也必须在监管规则的框架下从事资产管理活动，依照证监会的有关规定履行合同义务。定增5号成立于2016年5月24日，其投资的定向增发股份的发行结束之日，必然晚于2016年5月24日，再考虑完成股份减持工作需要一定的合理期间，因此华融证券晚于2018年5月23日的2019年1月30日第二次清算，虽然在时间节点上不符合《资产管理合同》中关于管理期限约定，但是符合证监会和证券交易所新颁发规定的要求，亦符合《资产管理合同》关于管理人义务一节中管理人应遵守证监会有关规定的约定。华融证券已经勤勉、诚信地完成了对资产管理计划的管理义务，华融证券的行为并无不妥。因此，法院认定，华融证券的第二次清算，没有损害王某某的权益。

2. 华融证券是否应当按照王某某的计算标准支付投资收益

对此，法院认为：

第一，《资产管理合同》在各方承诺、风险揭示、签署提示处均有提示，定增5号面临着证券市场中固有的系统风险和市场风险，投资人有可能面临零收益甚至投资本金损失，管理人不保证投资人资产本金不受损失，亦不保证最低收益。

第二，《资产管理合同》约定，定增5号的投资方向包括收益互换，华融证券为降低定增5号的投资风险，并确保定增5号投资者可以获取相对固定的投资收益,将定增5号投资了收益互换工具,符合合同约定。

第三,鉴于《资产管理合同》投资的收益互换工具会影响投资者的最终收益金额,《资产管理合同》约定的投资者分级安排亦会影响定增5号资产价值不同时间点的单位净值数据,在客观上确实无法提前反映定增5号A类投资者的最终收益金额。

第四,鉴于《资产管理合同》约定,华融证券应制定健全、有效的估值政策和程序,并定期对其执行效果进行评估,保证定增5号估值的公平、合理,因此,当华融证券发现其投资的收益互换工具导致其通过原有估值方法计算得出的单位净值过高,无法公平、合理、准确地反映投资者收益时,其有义务对估值政策和程序进行调整。

第五,华融证券在定增5号第一次清算过程中,按照固定收益率向投资者分配收益;在第二次清算过程中,将实际收益金额以合同约定的方式向投资效果上看,王某某投资的本金没有减损,还获得了投资收益。

综合考虑以上因素,结合王某某无法提交证据证明华融证券收益分配方式有误的事实,法院认定,华融证券已经按照《资产管理合同》的约定履行了合同义务,已经全额向王某某支付了投资本金及收益。

最后,法院指出,《资产管理合同》约定的委托人,需要为合格投资者;结合《中华人民共和国证券投资基金法》的有关规定,合格投资者应达到规定资产规模或者收入水平,具备相应的风险识别能力和风险承担能力,且其基金份额认购金额不低于规定限额。《资产管理合同》亦约定,定增5号A份额有中等风险收益特征,适合具有一定风险承受能力、资产流动性需求不高且法律法规允许的合格投资者。王某某只有满足一定的标准和条件,才能投资定增5号A产品。纵使王某某不满足定增5号A的投资条件,其亦应对其作出的投资行为持基本的审慎态度。

在庭审过程中,王某某主张华融证券及其代理推广机构,利用王某某较低的金融专业能力,侵犯了王某某的合法权益。对此,本院认为,在商业活动中,交易双方实力不均乃是常态,总会有一方弱势。市场交易的本质就是取长补短、互通有无。投资是一种典型的商业性选择活动。从事商业活动,必然会面临商业风险。商业风险,是无法规避的固有风险。投资证券市场,是典型的"高风险高收益"性质的商业活动。王某某应审慎实行投资行为,在其交易对手没有明显过错的前提下,不论是投资产生收益还是造成损失,王某某均应自行承担相应风险。

综上所述,判决驳回原告王某某的全部诉讼请求。

(五) 案后结语

这是一起典型的金融消费者维权案例,案件标的额虽小,但体现了相当多的证券专业知识,对代理律师要求较高。跟客户华融证券投资经理聊估值方法、收益互换,深化了笔者的金融知识。

第一章 诉讼仲裁案例

九、华融渝富与家景集团、薛某某煤业股权回购案

（一）案情简介

2012年3月，华融渝富与薛某某、华瓯创投签订《股份转让协议》，三方约定：薛某某将其持有的山东丰源煤电股份有限公司（现已更名为"山东丰源集团股份有限公司"）的100万股股份以每股14元人民币的价格转让给华融渝富；浙江华瓯创业投资有限公司将其持有的山东丰源煤电股份有限公司的300万股股份以每股14元人民币的价格转让给华融渝富。股份转让款共计5600万元，华融渝富先后向薛某某和浙江华瓯创业投资有限公司支付了上述全部股份转让款。

2012年3月4日，华融渝富与薛某某及家景集团签订《股份回购协议》，三方约定，当达到约定条件华融渝富有权要求薛某某及家景集团在华融渝富通知后的十日内回购华融渝富所持有的丰源煤电的全部或部分股份。随后，薛某某的配偶项某某签署三份《同意函》，明确表示其知晓薛某某签署了上述《股份转让协议》、《股份回购协议》及《关于修改股份价格的协议》，并知晓上述文件的全部内容，其同意薛某某以其个人财产及夫妻共同财产承担上述协议项下的义务。

《股份回购协议》签订后，直至纠纷发生时，山东丰源集团股份有限公司仍未实现在中国境内A股市场上市。根据《股份回购协议》的约定，华融渝富有权要求薛某某和家景集团回购其在山东丰源集团股份有限公司所持股份。2014年3月7日，华融渝富分别向薛某某和家景集团发出请求回购的通知，但薛某某和家景集团未履行《股份回购协议》中的回购义务。由此，华融渝富委托笔者要求薛某某及家景集团按照约定履行回购义务。

（二）对方观点

1. 回购协议收益率条款的法律分析

对方提出，华融渝富与薛某某签订的《股权回购协议》第一条明确约定，"回购价格应使华融渝富收益达到年化22%（单利）"。该收益率约定

条款并非对赌类的估值调整条款，而是彻头彻尾的保底、保利条款，应认定无效。

通常意义的估值调整条款，旨在由企业的投资方和控股股东（管理层股东）对目标企业的估值预期进行调整，以达到保护对公司经营运作、资产处置缺少控制的投资方，同时双向激励投资方、控股股东（管理层股东），从而达到利于企业增值的经营目标。故此，已被判令有效的估值调整条款往往具有双向约定性，且对投资方和控股股东（管理层股东）具有约束力。

基于估值调整条款的定义，对方提出：薛某某与华瓯创投并非丰源煤电的控股股东，二者在完成股份转让后无法对丰源煤电的经营行为及经营状况、上市安排负责，因此认定回购年化收益率的约定不是基于平衡投资方、控股股东（管理层股东）的估值调整安排，而是华融渝富为确保其上市回报、不上市仍然高回报的保底条款。

2. 以先合同义务为由，提出先履行抗辩权

在本案股权转让中还存在一个商业考量。薛某某经营的房地产开发企业资金紧缺，由此想通过华融渝富为企业协调到融资借款，各方主体签订的《投资框架协议》《股权转让协议之补充协议》《关于修改股份价格的协议》中，有多处约定：华融渝富有义务协调其他方以市场利率为基准为薛某某指定的公司提供1亿元的融资。

对方以此为由，认为此1亿元的融资为华融渝富的先合同义务，因华融渝富未完成该等融资义务，其无权在自己未完成义务的情况下要求薛某保障其畸高的投资收益率。而薛某某完全是出于对华融渝富融资承诺的信任，在股权转让时才给予华融渝富严重低于市场价格的股权转让价款。

3. 华融渝富主张的回购价格有误

对方认为，即使要进行回购，回购的价格也不应是华融渝富主张的价格，因为华融渝富完成股份转让后，其作为丰源煤电的股东已通过股东会处置丰源煤电重大资产（即山东申丰水泥集团公司），其持有的400万丰源煤电股权价值已经发生重大贬损。另外，华融渝富在持股期间还取得了

2 120万元的分红收益，回购价格中应将这部分款项扣除。

（三）我方观点

1. 回购协议收益率条款合法有效

第一，华融渝富与薛某某、华瓯创投签订的《股份回购协议》《关于修改股份价格的协议》，两份协议均系协议各方的真实意思表示，经各方的签字盖章且不违反法律、行政法规的强制性禁止性规定，应认定为真实有效，因此，协议各方应严格按照协议约定履行相应的义务。薛某某和华瓯创投均有着丰富投资经验，在两份协议中关于股份转让价格的约定、股份回购价格的约定以及关于违约金的约定，均是各方商务谈判的结果，是各方的投资预期和商业选择，不存在违反公平原则的情形。

第二，协议中关于股份回购价格的约定并非保底条款，不存在认定无效的情形。《最高人民法院关于审理联营合同纠纷案件若干问题的解答》中第四条第一款规定的保底条款，通常是指联营一方虽向联营体投资，并参与共同经营、分享联营的盈利，但不承担联营的亏损责任，在联营体亏损时，仍要收回其出资和收取固定利润的条款。因保底条款违背了联营活动中应当遵循的共负盈亏、共担风险的原则，损害了其他联营方和联营体的债权人的合法权益，因此应当确认无效。但在本案中，首先，华融渝富与薛某某和华瓯创投不存在联营关系；其次，华融渝富也未与目标公司约定只分享盈利不承担亏损；最后，签订的股份回购协议也未侵害目标公司、目标公司其他股东及目标公司的债权人的合法权益。

2. 对对方提出的先履行抗辩权的抗辩

我方认为，《投资框架协议》《股权转让协议之补充协议》《关于修改股份价格的协议》中均仅约定：股份转让后，华融渝富积极协调其他方提供1亿元贷款，该约定并非是华融渝富的承诺，各方签约时并未确定华融渝富能够提供该笔融资，只是将能否提供该笔融资作为华融渝富与薛某某在分配投资收益时的分配依据，各方对于华融渝富能否提供该笔融资都不确定，这也并不是确定的合同义务，不能以此为先合同义务抗辩对方应当按照约定履行的股份回购义务。

3. 回购价格

我方认为，股东分红是申请人依据股东身份获取的收益，其支付方是丰源煤电，而股份回购款是华融渝富依据《股份回购协议》的约定所获取的收益，其支付方应是协议的当事人薛某某和华瓯创投；而且，股东分红的金额与分配时间均是不确定的，股东分红多与少、分配时间、分配方案取决于公司的经营状况、公司章程的规定以及股东会的决议，不确定因素较多；但是股份回购款与此不同，其回购条件是确定的，两者不能相提并论。最后，《股份回购协议》中也没有提及股东分红、派息等华融渝富可能从第三方获取的收益，更没有约定如果其从第三方获取该等收益就相应地减轻薛某某和华瓯创投的合同义务。

（四）案件结果

仲裁庭最终支持了我方提出的观点。仲裁庭认为，《股份回购协议》中的触发回购的条件、回购价格的计算方式等约定，为股份受让方与转让方就股份转让回购事宜达成的一致约定，是各方自由意志的体现，该约定是在丰源煤电无法在各方约定的时间前完成上市时，投资人收回投资价款及获得一定投资补偿（收益）的事先安排，该约定并不违反我国法律、行政法规的强制性规定，因此该回购条款合法有效，各方均应遵守。综上，仲裁庭最终裁决薛某某、家景房地产公司受让华融渝富所持有的山东丰源集团股份有限公司的400万股股份，并向华融渝富支付股份回购款共计62 624 657.53元，并支付相应的违约金及费用。

（五）案后结语

该案交易结构清楚，争议内容比较常见。办案当时年代较早，对方还有很多抗辩，现在这类案件的焦点主要集中在回购方回购能力上。

十、汇亿鑫股权投资基金管理公司与淮南鑫城房地产开发集团、李某某借款纠纷案

（一）案情简介

2014年4月10日，汇亿鑫公司与李某某、淮南鑫诚地产、山东锦上地产、霸州鑫诚地产、旌德锦上置业、中融业公司、阳光宾馆公司、拉芳舍餐饮和王某某签订了《借款协议》，约定汇亿鑫公司向李某某提供借款，借款本金为1 000万元人民币，借款期间为6个月，自2014年4月14日至2014年10月13日；李某某如果不能按期全部归还借款，汇亿鑫公司有权追回欠款，并要求李某某按照延期时间支付0.3%/天的违约金；淮南鑫诚地产作为上述借款款项的使用方，自愿承担向汇亿鑫公司直接返还借款、违约金及实现债权费用的义务；山东锦上地产、霸州鑫诚地产、旌德锦上置业、中融业公司、阳光宾馆公司、拉芳舍餐饮和王某某，同意为李某某偿还汇亿鑫公司的借款及违约金等款项提供连带责任保证。

事后，汇亿鑫公司分几次向淮南鑫诚地产账户汇入资金，2014年10月16日，李某某和淮南鑫诚地产向汇亿鑫公司出具了《情况说明》，在说明中承诺后续偿还汇亿鑫借款的时间点，但后期却并未按照约定的时间偿还借款，且后续也未再向汇亿鑫公司偿付任何款项。

汇亿鑫公司委托笔者向李某某、淮南鑫诚地产、山东锦上地产、霸州鑫诚地产、旌德锦上置业、中融业公司、阳光宾馆公司、拉芳舍餐饮和王某某等主张返还欠款及相应的利息及违约金。

（二）我方观点

1.《借款协议》合法有效，协议各方应当依约履行义务

2014年4月10日，申请人汇亿鑫公司与被申请人李某某、淮南鑫诚地产、山东锦上地产、霸州鑫诚地产、旌德锦上置业、中融业公司、阳光宾馆公司、拉芳舍餐饮、王某某签订《借款协议》，该协议系协议各方的真实意思表示，且不违反我国法律、行政法规的强制性规定，合法有效，

协议各方应当按照协议约定履行义务。

2. 被申请人应当承担违约的责任

被申请人李某某、淮南鑫诚地产未按期偿还借款，应当向申请人偿还未还的全部借款，并支付违约金。

（1）关于债务人的认定。根据《借款协议》的约定，申请人向李某某提供借款人民币1 000万元，淮南鑫诚地产作为上述借款款项使用方，自愿承担向申请人直接返还借款、违约金及实现债权费用的义务；此外，淮南鑫诚地产在李某某于2014年10月16日向申请人出具的《情况说明》上加盖了公章。由此可见，李某某是借款人，淮南鑫诚地产是并存的债务承担人，对于借款及违约金等借款相关债务，李某某和淮南鑫诚地产均负有偿付义务。

（2）关于应当偿还的借款本金。2014年4月14日，申请人向李某某提供了借款合计人民币1 000万元，借款期限自2014年4月14日至2014年10月13日；2014年10月16日，李某某确认尚欠申请人的借款本金为人民币954万元，同时承诺，2014年10月20日之前偿付154万元人民币，2015年1月14日（含当日）之前偿付800万元人民币，淮南鑫诚地产和申请人均予以认可；2014年10月24日，李某某向申请人偿还借款人民币100万元，此后，李某某和淮南鑫诚地产均未再向申请人偿付任何款项。综上所述，李某某和淮南鑫诚地产应当向申请人偿还的借款本金为人民币854万元。

（3）关于违约金的计算标准。根据《借款协议》第五条第2款约定，"李某某如果不能按期全部归还借款，申请人有权追回欠款，并要求李某某按照延期归还金额0.3%/天支付违约金。李某某、淮南鑫诚地产无条件配合"。而申请人本着公平原则，在申请仲裁时放弃了部分约定违约金的主张权利，自愿将违约金计算标准降低为"按照延期归还金额的24%/年支付违约金"。笔者认为，申请人降低违约金计算标准，是处分自身权利的表现，但并不意味着否定《借款协议》关于违约金计算标准的约定，申请人、李某某和淮南鑫诚地产均是具有完全民事行为能力的商事主体，上述违约金计算标准的约定,是各方经商务谈判协商一致的结果,系各方的真实意思表示,应当予以尊重和认可。且申请人调整约定的违约金计算标准,也是在上述约定基础上的降低,没有加重反而减轻了李某某、淮南鑫诚地产的责任。因此,申请人主张的"按照延期归还金额的24%/年支付违约金",没有违反当事人之间的约定,应当予以支持。

3. 其他被申请人的责任

被申请人山东锦上地产、霸州鑫诚地产、旌德锦上置业、中融业公司、阳光宾馆公司、拉芳舍餐饮和王某某,应当对借款本金、违约金、律师费、仲裁费及其他合理费用的偿付承担连带保证责任。

根据《借款协议》第六条约定,"山东锦上地产、霸州鑫诚地产、旌德锦上置业、中融业公司、阳光宾馆公司、拉芳舍餐饮和王某某同意为李某某偿还申请人的借款及违约金等提供无限连带责任担保"。虽然后来《借款协议》约定的借款期限未经上述保证人同意而延长,但鉴于申请人是在原借款期限届满之日起六个月内提出了仲裁申请,要求上述保证人承担保证责任,根据《中华人民共和国担保法》和《关于适用〈中华人民共和国担保法〉若干问题的解释》的相关规定,上述保证人,即山东锦上地产、霸州鑫诚地产、旌德锦上置业、中融业公司、阳光宾馆公司、拉芳舍餐饮和王某某,依然应当按照上述《借款协议》的约定承担连带保证责任。

4. 关于其他需要说明的问题

(1)关于《借款协议》若被认定无效的法律后果问题。根据《借款协议》第七条条款的可分性的规定,"如本协议被认定为无效,则淮南鑫诚地产和担保各方同意为李某因协议无效而产生的相关款项返还义务,包括但不限于资金占用费(按同期银行贷款利率的四倍、实际使用时间计算)承担连带责任保证"。由此,假如《借款协议》被认定为无效,那么,所有被申请人也负有向申请人返还相关款项和按照同期银行贷款利率四倍支付资金占用费的义务。

(2)关于《情况说明》中所述的履约保证金的扣划问题。根据李某某2014年10月16日出具的《情况说明》,李某某同意将其交纳的300万元北大黄埔同学会会费转作《借款协议》履约保证金，如违约，申请人有权从履约保证金扣划违约金。首先，上述300万元会费，是北大黄埔同学会收取的，李某某退出同学会时可按照会员规则主张返还；其次，申请人在本次仲裁申请中，放弃主张从300万元会费中扣划违约金的权利。

综上所述，申请人与被申请人签订的《借款协议》合法有效，协议各方应当依约履行义务。现被申请人的违约行为已经给申请人造成巨大经济损失，请仲裁庭裁决支持申请人的全部仲裁请求，依法维护申请人的合法权益。

（三）案件结果

本案事实清楚，证据确实充分，法院裁决李某某、淮南鑫诚地产向汇亿鑫偿还借款本金及违约金等相关费用。

（四）案后结语

本案是笔者早期的承办案例，当时经办案件时查封了很多财产，但后来遭遇了对方破产。当时替被代理人做尽职调查时，已经注意到对方企业体系资金链极其紧张，但客户最终还是决定签署借款协议。很多风控从单一角度看可能十分充足，但可能是以偏概全；实践证明，只有将风控放在债务人的关联体系中评价，才能得出更准确的判断。

十一、张某某诉王某某、徐某某返还转让款案

（一）案情简介

2016年12月30日，张某某与王某某签署《合伙人财产份额转让协议》（以下简称"案涉协议"），约定以人民币1 000万元价格受让王某某持有的鑫贲控股5.05%的财产份额，王某某应自协议生效起30日内将其持有的份额转让给张某某并完成工商登记备案手续；但截至起诉之日时王某某仍未完成相关工商变更登记手续。王某某违约行为致使张某某至今未取得受让财产份额，且无法对该财产份额依法享有任何权益，导致合同目的无法实现，现张某某要求解除协议，返还转让款并支付违约金。

（二）我方观点

我方认为依据案涉协议第五条第一款的约定，被告王某某应当在自该协议生效之日起30日内将其持有的鑫贲控股5.05%的财产份额转让给原告，并完成相关工商登记备案手续。工商登记备案手续完成日，即为财产份额转让完成日。同时，案涉协议第六条第三款约定，如非因原告原因被告未能按照协议约定办理完毕工商变更登记的，每逾期一天，被告王某某应按照支付转让价款总额的万分之五向原告支付违约金。案涉协议于2016年12月30日签署生效，但截至原告起诉之日，虽经原告多次催告，被告王某某仍未完成相关工商变更登记手续。被告王某某的违约行为，致使原告至今未取得受让财产份额且无法对该财产份额依法享有任何权益，导致原告的合同目的无法实现。根据《中华人民共和国合同法》有关规定，原告有权要求解除案涉协议，被告王某某应当返还原告支付的转让款，并依据案涉协议约定向原告支付违约金。

此外，被告徐某某系被告王某某的配偶，其作为案涉协议的一方当事人，知晓案涉协议的内容，同时作为鑫贲控股的执行事务合伙人，亦知晓被告王某某未办理鑫贲控股财产份额转让的工商变更登记手续的事实。因此，被告徐某某知晓被告王某某因违反案涉协议的约定所应当承担的转让

款返还以及违约金支付义务。根据《最高人民法院关于适用〈中华人民共和国婚姻法〉若干问题的解释（二）》有关规定，被告徐某某应当对被告王某某在案涉协议项下的债务承担连带清偿责任。

（三）案件结果

法院经审理认为，依法成立的合同具有约束力，当事人应当按照约定全面履行自己的义务。原告张某某与被告王某某、徐某某签订的《合伙人财产份额转让协议》系当事人之间真实意思表示内容合法，具有约束力。被告王某某未能履行合同约定的义务，致使合同不能履行、合同目的不能实现，符合《中华人民共和国合同法》第九十四条的规定，属于法律规定的合同解除的情形，应当依法予以解除。

被告王某某违反合同约定，应当按约承担赔偿责任，故对于原告张某某要求被告王某某承担返还原告转让款及支付违约金的诉讼请求，本院予以支持。关于原告以二被告系夫妻关系为由要求被告徐某某对债务承担连带责任的诉请，依据法律规定，"夫妻一方在婚姻关系存续期间以个人名义超出家庭日常生活需要所付的债务，债权人以属于夫妻共同债务为由主张权利的，人民法院不予支持，但是债权人能够证明该债务用于夫妻共同生活、共同生产经营或者基于夫妻双方共同意思表示的除外"。本案中，原告未就其主张提供证据予以证实，故本院依法不予采纳。被告王某某、徐某某经本院合法传唤无正当理由拒不到庭，应视为其放弃了自己诉讼权利。判决：依法解除原告张某某与被告王某某、徐某某签订的《合伙人财产份额转让协议》；被告王某某于判决生效后十五日内返还原告转让款人民币10 000 000元及违约金。

（四）案后结语

从接案到现在，对方一直都没有出现。对于失联行为，法律也需要增加惩罚力度。很多债务人把失联当成"赖账法宝"，对此应当专门立法解决。

第二章 非诉案例

一、宝银基金投资违约案——一起曲折的非诉案例

(一) 案情简介

2014年,上海宝银创赢投资管理有限公司(以下简称"上海宝银")与孙某某等一众投资人签订契约型私募证券投资基金合同,基金模式为FOF基金,基金名称为上海宝银创赢最具巴菲特潜力对冲基金Ⅱ期(以下简称"创赢Ⅱ期"或"母基金"),其基金份额持有人为24支契约型私募证券投资基金(以下简称"子基金")。

投资人将资金投入子基金,上海宝银将子基金募集的资金投入母基金,最终将资金投向A股上市公司新华百货(600785)。在此过程中,基金管理人上海宝银存在不向投资者披露信息、作出错误投资决策等多种损害投资者利益的行为。另外,上海宝银内部因股东纷争,出现公司治理混乱,其法定代表人崔某某因涉嫌刑事犯罪也被公安机关进行了批捕。

上海宝银作为巴菲特系列基金的管理人,在其管理、运用基金财产的过程中严重违背了基金管理人义务,且已经给投资人造成了巨大的损失。在此背景之下,以孙某某为代表的一众投资者找到笔者,希望能够找到方法维护自身的合法权益。

(二) 办理过程

1. 明确委托人诉求,确定服务合同关系

根据委托人提供的情况以及查询信息,初步判断完成委托的第一步是与委托人确定服务合同关系。同时,与委托人确立合同关系时,不仅要明

确委托人的诉求，也要将委托事项办理过程中潜在的风险与委托人进行说明。

2. 基于事实情况，查找相关案例

私募证券投资基金的相关法律及行政法规规定目前仅有《证券投资基金法》①。2014年8月21日由中国证券监督管理委员会（以下简称"证监会"）正式发布的《私募投资基金监督管理暂行办法》（以下简称"《私募暂行办法》"），虽然既适用于私募证券投资基金，又适用于私募股权投资基金、私募创业投资基金等非以证券投资为目的的其他私募投资基金（以下合称"私募非证券投资基金"），但因其在法律位阶上系属部委规章，所以其很难被司法裁判机关作为认定私募基金管理人承担民事法律责任的法律依据。因此，本次分析私募证券投资基金管理人民事法律责任的法律也仅依据《证券投资基金法》。

《证券投资基金法》第一百四十五条规定："违反本法规定，给基金财产、基金份额持有人或者投资人造成损害的，依法承担赔偿责任。基金管理人、基金托管人在履行各自职责的过程中，违反本法规定或者基金合同约定，给基金财产或者基金份额持有人造成损害的，应当分别对各自的行为依法承担赔偿责任；因共同行为给基金财产或者基金份额持有人造成损害的，应当承担连带赔偿责任。"

因此，依据《证券投资基金法》的规定，如果私募证券投资基金的基金管理人存在违反《证券投资基金法》规定的行为并给基金财产、基金份额持有人或者投资人造成损害的，基金份额持有人或者投资人可以据此向基金管理人主张赔偿责任，具体损失金额由基金份额持有人或者投资人举证证明。如果私募证券投资基金的基金管理人存在违反基金合同约定的行为（如未按约定履行信息披露义务、合伙型基金未如期组织召开合伙人大会），并因此给基金财产、基金份额持有人或者投资人造成损害的，基金

---

① 根据《证券投资基金法》（2015修正）第二条以及第九十四条第二款的规定，目前《证券投资基金法》所适用的基金范围仅包括公募基金以及私募证券投资基金，不包括私募股权投资基金、私募创业投资基金等非以证券投资为目的的其他私募投资基金。

份额持有人或者投资人可以依据《证券投资基金法》第一百四十五条的规定向基金管理人主张赔偿责任。

例如，江苏省南京市中级人民法院作出的[（2018）苏01民终57号]判决认为："合伙企业财产净值触及0.8时，超沅公司并未严格依据《合伙合同》召集、举行合伙人会议，形成有效决议，故应认定构成违约。《合伙合同》约定，执行事务合伙人违反合伙企业文件的规定处理合伙事务，致使合伙财产遭受损失的，由执行事务合伙人以其自有财产赔偿。"该案法院最终判决基金管理人违法合同约定，使基金财产受损，应以其自身财产赔偿损失。

又如，北京市仲裁委员会作出的某投资人（作为申请人）与基金管理人（作为被申请人）的基金投资纠纷裁决书中，基金管理人未如约履行信息披露义务，隐瞒基金结构化投资，最终致投资人利益受损，仲裁庭依据案涉合同第二十三章第（一）条"基金合同各方当事人在实现各自权利履行各自义务的过程中，违反法律法规规定或者本合同约定，应当各自承担相应的责任；给基金财产或者基金合同其他当事人造成的损失，应当分别对各自的行为所造成的损失依法承担赔偿责任"的约定，裁决被申请人应该承担申请人因此遭受的损失。

项目案涉基金合同以《上海宝银创赢最具巴菲特潜力对冲基金Ⅱ期基金合同》为准，其中"二十四、违约责任"中约定："（一）当事人违反本合同，应当承担违约责任，给合同其他当事人造成损失的，应当承担赔偿责任……但是发生下列情况，当事人应当免责：1. 基金管理人及和/或基金托管人按照中国证监会的规定或当时有效的法律法规的作为或不作为而造成的损失等。2. 基金管理人由于按照本合同规定的投资原则而行使或不行使其投资权而造成的损失等。3. 不可抗力……（三）由于基金管理人、基金托管人不可控制的因素导致业务出现差错，基金管理人和基金托管人虽然已经采取必要、适当、合理的措施进行检查，但是未能发现错误的，由此造成基金财产或投资人损失，基金管理人和基金托管人免除赔偿责任。"因此，依据《证券投资基金法》规定及案涉合同约定，如能举证证明是基金管理人存在违法行为或违约行为致使投资人利益受损,投资人可以要求基金管理人以其自身财产向投资人承担赔偿责任。

项目案涉基金为契约型私募基金,基金合同是投资者主张权利的重要依据,但案涉基金合同中对于基金管理人违约责任的情形规定得比较宽泛,并没有关于基金管理人本身出现问题导致基金管理陷入僵局的处理安排。另外,投资者的主要诉求是将自身投入到基金的财产进行赎回,或者由新的基金管理人对基金进行有效管理从而使得基金财产产生收益。

同时我们也了解到,有部分投资者已经通过仲裁的方式向上海宝银主张权利,且获得了胜诉的裁决,但投资者的权益并没有按照裁决得到满意的执行。

由此可见,针对这个案件,若单纯以诉讼的方式去追究原私募基金管理人上海宝银的民事责任,一方面存在收集证据的障碍,另一方面就算主张赔偿责任,也难以实现投资人的主要目的,私募基金仍然存在运营僵局的困境。基于这些背景原因,我们考虑从变更私募基金管理人的思路去解决投资者的困境。

3. 中国证券投资基金业协会变更私募基金管理人的流程及案例

通过查询中国证券投资基金业协会官网信息及电话询问等方式,获知变更私募基金管理人一般应当履行如下程序。

原私募基金管理人未被注销且配合变更的情况下,私募基金管理人变更流程如下。

第一,根据基金合同约定及法律法规规定发起变更流程。一般是由基金份额持有人大会的日常机构组织召开基金份额持有人大会,并由基金份额持有人大会表决、签署变更管理人的决议文件。原管理人是基金份额持有人大会的第二顺位召集人,托管人系第三顺位召集人。

第二,确定新的管理人后,新管理人与投资人签署新的基金合同。

第三,提交系统。原管理人登录"ambers系统(https://ambers.amac.org.cn)",在"产品备案"栏目下选择"产品重大变更",点击"基金业务变更"选择需要进行变更的产品,进入修改页面。

第四，审核通过。通过后，由新管理人出具生效公告，说明变更生效日期与相关事项，并发送给投资人以及托管、外包机构。通过协会审核后，新的管理人可以在自己的系统中查询到该只基金的信息。

第五，缴清费用。变更事项生效后，托管机构的基金会计根据生效日期划断新旧管理人管理费、增值税金额，将生效日前的管理费与增值税划付给原管理人。生效日起，计提的管理费归属与新管理人，计提的增值税应该由新管理人进行代缴。

第六，账户变更。包括托管账户变更、股东交易账号变更，并且将新的交易账户与托管户进行三方关联。

第七，私募基金管理人变更登记完成。

原私募基金管理人被注销或原私募基金管理人不配合变更的情况下，私募基金管理人变更流程如下。

第一，根据基金合同约定或法律法规规定发起变更流程。一般由基金份额持有人大会的日常机构组织召开基金份额持有人大会，并由基金份额持有人大会表决、签署变更管理人的决议文件。原管理人是基金份额持有人大会的第二顺位召集人，托管人系第三顺位召集人。

第二，确定新的管理人后，新管理人与投资人签署新的基金合同。

第三，系统变更。原管理人被注销或原私募基金管理人不配合，系统中的变更需要新管理人与协会协商，协会在后台操作变更，具体流程需与协会协商。

第四，完成变更后新管理人出具生效公告，说明变更生效日期与相关事项，并发送给投资人以及托管、外包机构。

第五，缴清费用。变更事项生效后，托管机构的基金会计根据生效日期划断新旧管理人管理费、增值税金额，将生效日前的管理费与增值税划付给原管理人。生效日起，计提的管理费归属于新管理人，计提的增值税应该由新管理人进行代缴。

第六，进行账户变更。具体包括托管户变更、股东交易账号变更，并且将新的交易账户与托管户进行三方关联。

第七，私募基金管理人变更登记完成。

4. 与委托人沟通，确定最终项目方案

非诉案件不同于诉讼案件，非诉案件律师的工作主要是与委托人及相关主体进行沟通以求实现委托人的目的，而诉讼案件律师更加侧重于根据案件事实以及法律与对方进行辩论、博弈。通过与委托人进行沟通最终确定以变更私募基金管理人的方式来维护广大投资者权益的过程中，拟新变更的私募基金管理人恒天中岩公司也向我们提出一些问题，笔者将办理该项目过程中多方沟通的内容整理如下。

5. 本案私募基金管理人变更相关法律问题研究备忘录

（1）关于新基金合同如何签署。通过与委托人、基金托管人等相关主体的沟通发现，签署新基金合同的原因可能是基于修改（或变更）基金管理人、基金运作方式、基金管理人权利义务、收益分配原则、基金退出方式、争议处理方式以及设立基金份额持有人大会及其日常机构等诉求（以下简称"目标诉求"）。对于实现目标诉求，我们参考相关法律法规、实务案例以及私募基金合同一般约定等材料作出如下分析，以供委托人参考。

第一，在本案中，签署新基金合同在客观上无法达成。基金合同规定了基金份额持有人、基金管理人、基金托管人的权利与义务，是基金份额持有人据以主张投资权益的重要法律文书。如果本基金通过签署新基金合同的方式来实现目标诉求，就相当于变更《上海宝银创赢最具巴菲特潜力对冲基金Ⅱ期基金合同》（以下简称《基金合同》）的内容，该变更应以书面形式签订《补充协议》，以维持法律文书的有效性及完整性，降低日后发生争议的可能。

《基金合同》由上海宝银、基金托管人、基金份额持有人（单独与另两方主体签署）三方主体共同签署，考虑到本基金需要变更基金管理人的现实需要，该《补充协议》应当由上海宝银、变更后的新基金管理人（恒天中岩）、基金托管人以及基金份额持有人共同签署。

考虑到《补充协议》的内容包含变更基金管理人的情况，目前的基金管理人上海宝银有很大可能不会配合《补充协议》的签署。从《中华人民共和国合同法》的角度考虑，如上海宝银不参与《补充协议》的签署，则不能表明作为原合同当事人之一的上海宝银就《基金合同》的变更与其他当事人达成一致，此情况下《补充协议》将无法产生变更《基金合同》的效力。因此，如果上海宝银拒绝签署《补充协议》，委托人及基金份额持有人将无法实现目标诉求。

第二，以基金份额持有人大会决议的形式调整有关条款具有可行性。本所在 2019 年 7 月 14 日出具的《关于契约型私募证券基金更换基金管理人相关问题之备忘录》中，结合有关法律法规、实务案例及基金合同的常见约定分析认为，在私募基金的相关制度缺乏明确法律依据以及《基金合同》未做约定情形下，私募基金参照《中华人民共和国证券投资基金法》（以下简称《证券投资基金法》）有关公募基金的规定召开基金份额持有人大会，就大会职权范围内有关基金的重要事项进行审议，应为《证券投资基金法》赋予基金份额持有人的合法权利；在《基金合同》未做明确约定情况下，私募证券投资基金份额持有人大会的有关事项可参考适用《证券投资基金法》第九章关于公募基金份额持有人大会的规定。因此，委托人可考虑以基金份额持有人大会决议的形式调整有关条款。具体程序如下。

首先，向基金份额持有人发出《征询函》。就本项目而言，我们建议先行以持有巴菲特Ⅱ期百分之十以上基金份额的基金份额持有人代表（以下简称"召集人"）的名义向基金份额持有人发出征询函，通过征询函及确认回执的方式就会议程序、召开条件、决议生效条件等重要事项取得基金份额持有人的确认及同意，该征询函可视为基金份额持有人之间在《基金合同》基础上就基金份额持有人大会相关事宜所达成的新的合意或补充协议。由于目前没有明确的法律依据和合同依据，因此最好能够取得全部基金份额持有人签署的回执，表明全部基金份额持有人已对此形成合意。如无法取得全部，那么签署回执的基金份额持有人的比例越高，对本项目越为有利。

其次，履行召集基金份额持有人大会的前置程序。在有二分之一及以上基金份额持有人签署征询函回执的情况下，召集人可进入召集基金份额持有人大会的程序。由于《基金合同》没有关于基金份额持有人大会及其日常机构履职的内容，召集人应先向基金管理人上海宝银发送通知，提议召集基金份额持有人大会，审议表决关于更换基金管理人、修改基金合同等议案；如上海宝银拒绝召集，召集人应向基金托管人提议召集基金份额持有人大会；如基金托管人决定不召集，召集人可根据《证券投资基金法》等相关法律规定决定自行召集基金份额持有人大会。根据此前沟通，此方案最后很有可能由召集人自行召集基金份额持有人大会。无论哪方主体召集基金份额持有人大会，召集人都可提出"关于修改上海宝银创赢最具巴菲特潜力对冲基金Ⅱ期基金合同的议案"，由基金份额持有人大会审议表决。

再次，基金份额持有人大会审议有关议案。基金份额持有人大会召开前，相应召集主体应当发布会议通知，将修订基金合同的议案列入会议通知附件，并附上《基金合同》修改要点以及修改前后对照表一起提交大会审议。如果该议案经"参加大会的基金份额持有人所持表决权的三分之二以上（含三分之二）通过"，则相当于基金份额持有人大会作出决议。

最后，根据《证券投资基金法》第四十七条的规定，基金份额持有人大会拥有决定修改基金合同的重要内容、决定更换基金管理人、决定调整基金管理人报酬标准的职权。因此，基金份额持有人大会是变更上述事项的有权机构。如基金份额持有人大会召集方式、召开程序、参会人员资格、表决程序和表决结果等均不违反相关法律、法规、规范性文件的规定和当事人间的约定，那么大会作出的决议就具有法律效力。同时，参考其他商事主体和基金形式的相应程序，基金份额持有人大会作出的修改《基金合同》的决议将对全体基金份额持有人发生效力。因此，在无法通过签署《补充协议》的方式实现目标诉求的条件下，以基金份额持有人大会决议的形式调整有关条款实现目标诉求具有可行性。

（2）关于投资人差额如何处理。关于投资人在高点申请赎回时和后期基金财产实际退出时的差额部分，我们认为投资人应通过《基金合同》约定的争议解决方式，可以要求上海宝银承担该部分差额的赔偿责任。理由如下。

第一，《基金合同》明确约定了此种情形及安排。

根据《基金合同》的约定："本基金份额持有人份额认购/申购之日起12个月为封闭期。在封闭期间，不允许基金份额持有人进行赎回。基金投资者可在本基金开放日申购、封闭期结束后的开放日赎回本基金，但基金管理人根据法律法规、中国证监会的要求或本合同的规定发布暂停申购、赎回通知时除外。本基金开放日为每个月最后1个工作日。基金管理人可根据基金运作需求增设临时开放日（每个自然月不得多于3个临时开放日），具体以基金管理人通知为准。"

该约定表明，基金份额持有人有权在封闭期12个月满后的基金开放日赎回所持基金份额。然而，上海宝银在没有法律依据及合同依据的情况下，没有以诚实信用、勤勉尽责的原则管理和运用基金资产，擅自宣布停止本基金的赎回，拒绝履行披露义务，停止基金估值，上海宝银的上述行为已违反合同约定，根据《基金合同》第二十四条，"当事人违反本合同，应当承担违约责任，给合同其他当事人造成损失的，应当承担赔偿责任……一方依据本合同向另一方赔偿的损失，仅限于直接损失"。基金管理人上海宝银的上述行为造成基金份额持有人最后实际退出时所能取得的现金价值比申请赎回时所能取得的现金价值有所减损，申请赎回时所能取得的现金价值和实际退出时取得现金价值差额部分的损失属于直接损失，故上海宝银应当对此部分差额承担赔偿责任。

第二，有关法律明确规定该种情形。根据《证券投资基金法》第一百四十五条的规定，基金管理人在履行职责的过程中，违反法律规定或者基金合同约定，给基金财产或者基金份额持有人造成损害的，应当对自己的行为依法承担赔偿责任。基金管理人上海宝银在履行管理人责任的过程中，违反法律规定和合同约定，单方宣布停止巴菲特系列基金的赎回，停止巴菲特系列基金的估值，存在违反信息披露要求，未履行诚实信用、谨慎勤勉义务等违约行为，对基金份额持有人造成了损害；为此，基金份额持有人亦可根据本条规定要求基金管理人上海宝银承担赔偿责任。

鉴于基金份额持有人与基金管理人上海宝银、基金托管人招商证券股份有限公司在《基金合同》中约定的争议解决方式为提交上海仲裁委员会仲裁，因此，基金份额持有人可向上海仲裁委员会提起仲裁请求，要求上海宝银对基金份额持有人申请赎回时所能取得的现金价值和实际退出时取得现金价值差额部分的损失，承担赔偿责任。

第三，要求上海宝银承担赔偿责任涉及的现实问题。考虑到本基金作为子基金，仅有在母基金基金份额处置后（即投向新华百货的股票处置变现后），方可确定基金份额持有人实际退出时可取得的现金价值，之后基金管理人上海宝银需要承担的赔偿责任也才可以确定。因此，基金份额持有人可能需要待到母基金处置对应基金份额的一定期限后方可确定赔偿数额。确定赔偿数额的过程不影响基金份额持有人仲裁申请的提起，但该过程耗费的时间应当预先有所把握。

同时，《证券投资基金法》第一百五十一条规定："依照本法规定，基金管理人、基金托管人应当承担的民事赔偿责任和缴纳的罚款、罚金，由基金管理人、基金托管人以其固有财产承担。"因此，上海宝银应当以其固有财产承担因管理本基金过程中的违法、违约行为而产生的赔偿责任。故而，在提起仲裁程序前，基金份额持有人应调查上海宝银的财产线索并视情况决定是否进行相应保全程序。

（3）关于恒天中岩与上海宝银的责任划分。

第一，上海宝银与恒天中岩应当就各自承担管理人职责期间的行为承担责任。在巴菲特Ⅱ期能够变更管理人的情况下，变更前的基金管理人上海宝银与变更后的基金管理人恒天中岩应当就各自管理和运用基金财产期间履行受托职责中的违法、违约行为承担责任，同时双方互不为对方的行为承担责任，也不对对方行为承担连带责任。

从法律规定和《基金合同》约定来讲，上海宝银由于其违法、违约行为，应当向基金份额持有人就申请赎回时所能取得的现金价值和实际退出时取得现金价值差额部分的损失承担赔偿责任。鉴于上述损害赔偿责任系上海宝银的违法、违约行为所导致，非变更后基金管理人的行为，故应由上海宝银自行承担。如本基金成功将基金管理人由上海宝银变更为恒天中岩，恒天中岩成为基金管理人之后，应当按照法律规定、《基金合同》约定以及基金份额持有人大会所作出的决议的要求履行管理人的职责，承担管理人的权利义务，并对担任本基金管理人期间管理和运用基金财产的违法、违约行为承担责任。

但是出于规避风险考虑，我们建议在本次拟召开的基金份额持有人大会上，就上海宝银与变更后的基金管理人恒天中岩之间的责任进行明确划分，即确定变更后基金管理人仅就变更完成后的管理行为承担管理人职责，上海宝银、托管人与基金份额持有人之间基于变更前事实及行为所产生的责任与义务等由各方各自承担，变更后的基金管理人不承担原基金管理人上海宝银应负的责任。

第二，恒天中岩成为基金管理人后权利义务条款的变化。

首先，基金管理人的变更不应构成基金管理人权利义务的概括转移。根据《中华人民共和国合同法》第八十八条、第八十九条规定，当事人一方经对方同意，可以将自己在合同中的权利和义务一并转让给第三人。权利和义务一并转让的，适用合同法有关债权转让及债务转移的相关规定。从合同法层面，权利义务概括转移的前提基础是各方协商达成一致，在无明确合同约定情况下，不应发生权利义务的概括转移。根据目前情况，考虑到上海宝银不会参与新的基金合同，我们建议以基金份额持有人大会的形式对有关条款作出调整，因此，上海宝银在《基金合同》中的权利义务不会概括转移给恒天中岩。

此外，《证券投资基金法》及相关法律法规也并未明确规定：基金管理人发生变更的，有关《基金合同》项下的权利义务由变更后的基金管理人全部承继；故在无法律依据及各方合同约定情况下，基金管理人变更不代表基金管理人权利义务的概括转移，但变更后的基金管理人有义务根据法律法规的规定及《基金合同》的约定履行管理人的各项责任及义务，并对变更后的管理行为负责。

其次，基金管理人变更后权利义务条款的变化。在基金份额持有人大会决议变更《基金合同》部分条款的情况下，将产生一个问题：对于《基金合同》未变更部分约定的基金管理人的权利义务，恒天中岩是否应当根据相应条款履行。

关于这一问题，我们认为，针对上海宝银担任基金管理人期间本基金已经完成基金募集与投资过程的状况，基金募集与投资过程涉及的权利义务应由上海宝银享有与履行，变更后的基金管理人应当仅享有和履行《基金合同》未变更部分中投后管理和退出过程涉及的权利义务，并就相应行为承担责任；基金募集与投资方面的权利义务，与恒天中岩无关，恒天中岩也不对该部分承担责任。

为保证区分上海宝银与恒天中岩的合同权利义务，我们建议通过基金份额持有人大会进行明确划分，以大会决议重新确定新基金管理人恒天中岩的权利义务，明确恒天中岩仅享有和承担本基金投后管理和退出过程涉及的权利义务，并将相应权利义务列明，以保障委托人利益。

6. 关于基金份额持有人申请撤回巴菲特Ⅱ期仲裁案件相关法律问题的备忘录

（1）仲裁案件背景概况。根据委托人提供的资料，巴菲特Ⅱ期合计26名基金份额持有人（以下简称"申请人"）已向上海仲裁委员会提交仲裁申请，有关案件的被申请人、仲裁请求及事实理由基本一致，申请人均要求：①裁决上海宝银与招商证券股份有限公司（以下简称"托管人"或"招商证券"）共同连带地向申请人提供涉案基金的合同、协议、凭证、交易记录、会计资料等文件资料；②裁决上海宝银及托管人共同连带地向申请人提供涉案基金的报告及运营信息，包括自涉案基金成立以来的月度净值报告、年度报告、申请人基金账户的交易流水、申请人持有的份额等，恢复基金账户的正常登录，提供基金账户重置后的密码及用户名；③裁决上海宝银向申请人支付全部赎回款；④裁决上海宝银向申请人支付迟延支付赎回款的利息；⑤裁决上海宝银赔偿申请人因本案实际支出的律师费等实际费用；⑥裁决上海宝银承担本案仲裁费。

上海仲裁委员会已经受理该系列案件，但截至目前仍未组织开庭，部分申请仲裁的基金份额持有人已有撤回仲裁申请的打算。

(2) 关于撤回仲裁申请的相关法律问题分析。

第一，仲裁申请人有权申请撤回仲裁申请。《上海仲裁委员会仲裁规则》第二十条第一项的规定表明，申请人有权申请撤回仲裁申请，但最终是否能够成功撤回，在不同阶段由不同主体决定。尚未组成仲裁庭前，由仲裁委员会决定；组成仲裁庭后，则由仲裁庭决定。据委托人称，前期已与有权决定的机构进行沟通，并口头获取有权机构的同意，故如申请人申请撤回仲裁，则该案件应当能够成功撤回。

第二，撤回仲裁申请情况下仲裁费退回与承担问题。关于仲裁费的退回问题，《上海仲裁委员会仲裁规则》第二十一条第四项中有明确规定，根据该规定，如有权机构同意申请人撤回仲裁申请，预缴的处理费不予退回。尚未组成仲裁庭的，预缴的受理费全部退回；仲裁庭已经组成但尚未开庭审理的，预缴的受理费退50%。因此，本基金系列案件预交的仲裁费将按照上述规定进行处理。

在案件由仲裁庭裁决的情况下，除非当事人另有约定，仲裁费原则上由败诉方承担；当事人部分胜诉，部分败诉的，由仲裁庭根据当事人仲裁请求得到支持的比例、责任大小酌情确定各方承担的比例。但如申请人申请撤回仲裁申请，那么申请人按照仲裁委员会规定预缴的仲裁费中无法退回的部分则只能由申请人自行承担，即无法向被申请人主张。

第三，关于申请人再次提出仲裁申请的相关问题。关于撤回仲裁申请后申请人能否再次提出仲裁申请的情形，虽然相关法律法规及《上海仲裁委员会仲裁规则》并未加以规定，但撤回仲裁申请只是申请人对其程序性权利所作的处分，并没有处分自己的实体权利，仲裁庭也没有对当事人间的实体权利义务关系进行裁决，只要当事人未合意放弃或变更原协议中的仲裁条款，那么原仲裁条款仍然有效，上海仲裁委员会仍然拥有相关争议的管辖权。

此外，据此前我们和上海仲裁委员会的沟通，我们已得到上海仲裁委员会的明确答复，此系列仲裁案件撤回仲裁申请后仍可以再次提出仲裁申请。

第四，即使申请人再次提出仲裁申请，该仲裁不会对委托人的实体权利和利益产生影响。如本项目能够按照计划更换基金管理人为恒天中岩，且申请人在更换基金管理人后向上海仲裁委员会再次提出仲裁申请，仲裁请求中关于基金资料与账户信息等请求，因相应违约情况是在上海宝银作为本基金的管理人以及招商证券作为基金托管人期间发生，是其违约行为的后果，所以申请人可以要求上海宝银或者上海宝银与招商证券共同履行相应行为或者承担相应责任。

关于仲裁请求中要求支付全部赎回款的请求，根据先前商定的计划以及基金份额持有人大会议案决定，本基金将变更为封闭式基金，申请人不应再提出支付赎回款的申请，而应提出申请赎回时所能取得的现金价值和实际退出时取得现金价值差额部分损失的赔偿请求。

关于迟延支付期间利息及实现权利费用的仲裁请求，也应由承担上述赔偿责任的主体一并承担；但由于《基金合同》第二十四条已约定赔偿的损失仅限于直接损失，因此该请求是否能够得到仲裁庭的支持尚有疑问。

关于仲裁请求中仲裁费承担部分，仲裁费的最终承担者将由仲裁庭裁决确定。前文已分析申请人不应提出针对委托人的仲裁请求，即使提出，委托人也并不会最终承担赔偿责任，因此仲裁费也不会由委托人承担。

但是申请人再次申请仲裁时也可能坚持目前的仲裁请求。如申请人坚持，因基金管理人已变更，所以亦存在变更后的基金管理人被追加为被申请人，以及承担在基金份额处置后以取得的处置价款支付申请人赎回价款，并按法律法规及《基金合同》约定履行信息披露义务的责任。但该等责任并不会对委托人产生实体权利和利益上的影响。

综上所述，申请人撤回仲裁申请以及再次提出仲裁申请均不会对委托人的任何实体权利和利益产生影响。

7. 关于处理托管人计提的上海宝银违约期间管理费相关法律问题的备忘录

（1）背景概况。据此前与委托人、基金托管人等主体的沟通，自本基金管理人上海宝银出现违约行为以来，招商证券已计提应按合同支付给上海宝银的管理费。目前该部分计提管理费仍在相应账户中，并未支付给上海宝银。现招商证券有关业务人员提议在拟召开的基金份额持有人大会上对该部分计提管理费作出处理，以大会决议形式决定不再向上海宝银支付。

（2）违约期间管理费如何处理相关法律问题分析。

第一，收取管理费是上海宝银作为基金管理人的权利。基金管理人作为基金资产的管理者和运用者，将收取基金管理费作为其管理、运用基金财产的报酬，其数额一般按照基金净资产值的一定比例从基金资产中提取。此外，基金还可约定向基金管理人支付业绩报酬，私募基金的业绩报酬应当由合同当事人按照自愿、公平、诚实信用的原则进行协商，在基金合同中予以约定。因此，在《基金合同》合法有效的情况下，基金管理人上海宝银有权根据合同约定收取管理费及业绩报酬。

《基金合同》在第十六条第二项中约定了管理费及业绩报酬的计算方法。基金的年管理费率为1.8%，而基金业绩报酬采用单客户高水位模式支付，基金管理人从单个基金份额持有人单笔投资基金份额中分别在固定时点、赎回时和合同终止时提取。由于本基金已停止估值，故无法确定上海宝银自出现违约行为开始是否有在合同约定的固定时点提取业绩报酬；而本基金赎回已终止，合同尚未终止，上海宝银无法从赎回资金中扣除业绩报酬。因此，本次分析将不涉及业绩报酬部分。

根据《基金合同》第八条的约定，基金管理人上海宝银有依照合同及时、足额获得管理费、业绩报酬等费用的权利，基金份额持有人也有交纳购买基金份额的款项及规定的费用的义务。因此，上海宝银作为本基金管理人期间，有权依《基金合同》的约定及时、足额获取管理费；基金份额持有人也有义务根据合同约定向基金管理人支付报酬。

第二，不支付管理费没有明确的法律和合同依据。

基于上海宝银的一系列违约行为，上海宝银应当根据《中华人民共和国证券投资基金法》的规定及《基金合同》的约定承担赔偿责任。《基金合同》并未约定在管理人违约的情况下，基金份额持有人有权停止支付管理费等费用，《证券投资基金法》等有关法律法规也未有相关情况的规定。因此，基金份额持有人在基金管理人上海宝银违约的情况下拒绝向其支付管理费并无明确依据。

第三，基金份额持有人大会是否有权改变会议召开之前的管理人报酬有待论证。根据《证券投资基金法》第四十七条的规定，基金份额持有人大会拥有决定调整基金管理人报酬标准的职权。因此，基金份额持有人大会是调整基金管理人报酬标准的有权机构。

但是，从文义解释角度来讲，"调整"的含义为"改变原有的情况以适应客观环境和要求"，因此基金份额持有人大会应当有权对本次基金份额持有人大会召开之后的基金管理人报酬作出变动，但应当无权对本次基金份额持有人大会召开之前的基金管理人报酬进行增减。

此外，从历史解释角度来看，《证券投资基金法修订草案》二次审议稿第五十条第四项规定基金份额持有人大会有权"决定基金管理人、基金托管人的报酬标准"。因部分委员和地方政府、管理部门提出，基金份额持有人大会对基金管理人、基金托管人的报酬标准，应当既有权决定提高，也有权决定降低。因此，经全国人大法律委员研究决定，2015年修正版的《证券投资基金法》将本条款最终调整为"决定调整基金管理人、基金托管人的报酬标准"。无论提高还是降低，均应是相较原来的报酬标准来体现，这也说明本条所规定的基金份额持有人大会的职权应是对大会召开之后的基金管理人报酬作出改变。

同时，在基金份额持有人大会召开并作出有效决议之前，基金管理人的报酬在《基金合同》中有明确的规定，该决议是否具有溯及力，甚至足以推翻原基金合同中的明确约定，也有待有权做出裁判的机构进行判断。

第四，出于避免委托人陷入纠纷角度考虑，建议向上海宝银支付计提的管理费。如本次拟召开的基金份额持有人大会成功变更管理人,并作出不向原基金管理人上海宝银支付托管人招商证券已计提部分管理费的决定,那么上海宝银有很大可能将启动相应争议解决程序,要求获得其担任基金管理人期间的该部分管理费。而委托人作为本基金相关事项的推动者及变更后的基金管理人,将很有可能成为上海宝银相关行动的目标,届时委托人非常有可能陷入之后的纠纷中去。该部分管理费本就不是委托人接手本基金的目的,从避免陷入纠纷以及节省公司成本的角度来讲,我们不建议委托人采纳托管人的提议。

综上所述,我们建议通过基金份额持有人大会,决定向上海宝银支付托管人计提部分的管理费,以明确变更前的管理人与变更后的管理人收取管理费的界限,划清二者的责任范围。

此外,在基金份额持有人大会最终决定将此部分计提的管理费支付给上海宝银的情况下,此部分计提的管理费将成为上海宝银的财产并划付至其相应账户。如基金份额持有人打算对上海宝银进行责任追究,此部分计提的管理费作为基金份额持有人相对能掌握信息的财产线索,后续仍需有关各方紧密配合以帮助基金份额持有人得到偿付,维护基金份额持有人的利益。

8. 协助委托人召集基金份额持有人大会,并以私募基金管理人大会变更私募基金管理人的方式与中国基金业协会进行分析讨论

针对巴菲特系列基金所面临的情形,笔者建议委托人以Ⅱ期基金为代表,先行变更Ⅱ期基金的管理人,以此带动后续其他子基金及母基金管理人的变更。委托人按照笔者团队的建议通过公证的方式召集并表决了Ⅱ期基金份额持有人大会,笔者与中国证券基金业协会就此次Ⅱ期基金份额持有人大会的召集与表决进行了分析与讨论。

经中国基金业协会信息公示系统查询,上海宝银创赢最具巴菲特潜力对冲基金Ⅱ期系在中国基金业协会备案的私募证券投资基金,基金编号为S23772,成立时间为2015年1月20日,备案时间为2015年2月28日,目前登记的基金管理人为上海宝银创赢投资管理有限公司,基金托管人为招商证券股份有限公司。根据上海宝银创赢最具巴菲特潜力对冲基金Ⅱ期本次基金份额持有人大会的表决结果,基金管理人由"上海宝银创赢投资管理有限公司"变更为"恒天中岩投资管理有限公司"。本所律师现就本次变更的法律依据、召集人资格及召集程序、基金份额持有人大会的会议情况发表如下法律意见。

(1) 基金管理人变更的法律依据。经检索私募基金领域现行相关法律、行政法规、部门规章、规范性文件及中国基金业协会自律规则的有关规定,目前并没有私募基金更换基金管理人的直接法律依据。同时,《基金合同》亦无变更基金管理人或者召开基金份额持有人大会的有关约定。但是,根据《证券投资基金法》第二条,非公开募集的证券投资基金适用该法。因此,巴菲特Ⅱ期应当适用《证券投资基金法》的规定。

从《证券投资基金法》第四章的名称"基金的运作方式和组织"来看,《证券投资基金法》第四章的规定既适用于公开募集证券投资基金,也适用于非公开募集证券投资基金;同时,该法第四章第四十七条明确规定了基金份额持有人大会并有权决定更换基金管理人、有权决定修改基金合同的重要内容。因此,基金份额持有人具有通过由全体基金份额持有人组成的基金份额持有人大会并表决的方式更换基金管理人、修改基金合同的权利。

《证券投资基金法》第九章"公开募集基金的基金份额持有人权利行使"第八十三条具体规定了公开募集证券投资基金的基金份额持有人大会的召开、召集程序。在非公开募集证券投资基金的基金合同未约定基金份额持有人大会情况下,我们认为,基金份额持有人有权参照《证券投资基金法》公开募集基金关于基金份额持有人大会召开、召集程序,组成基金份额持有人大会,理由如下。

首先,《证券投资基金法》在第四章第四十七条明确规定,基金份额持有人大会有权决定更换基金管理人、有权决定修改基金合同的重要内容;同时,在第四十六条规定了基金份额持有人享有按照规定要求召开基金份额持有人大会或者召集基金份额持有人大会的权利。上述职权、权利既适用于公开募集证券投资基金，也适用于非公开募集证券投资基金。在《证券投资基金法》已对上述职权和权利有明确规定的前提下，根据《证券投资基金法》规定的相应制度来保障这些职权和权利的行使，符合《证券投资基金法》的内在要求。因此，在其他法律法规没有明确规定非公开募集证券投资基金的基金份额持有人大会制度，基金合同也没有约定有关制度的情况下，非公开募集证券投资基金参照公开募集证券投资基金的规定召开基金份额持有人大会并无不妥，亦未侵害当事各方的权利。

其次，《证券投资基金法》在第四章明确规定了基金份额持有人大会的组成和职权，说明设立基金份额持有人大会是《证券投资基金法》的要求，无论公开募集还是非公开募集的证券投资基金，均应按照这一规定运行。同时，基金份额持有人大会的设立也有助于加强基金治理，保护投资人的合法权益。因此，非公开募集证券投资基金的基金合同中应当约定基金份额持有人大会召集、议事、表决的程序和规则等有关内容。而在基金合同没有约定基金份额持有人大会有关机制的条件下，为保护基金份额持有人的合法权益不受侵害，参照《证券投资基金法》规定的公开募集证券投资基金的基金份额持有人大会制度来履行相关程序，符合《证券投资基金法》的内在要求。

再次，在《基金合同》第八条"当事人及权利义务"中，合同当事人约定了基金份额持有人享有国家有关法律法规、监管机构及本合同规定的其他权利。因此，基金份额持有人参照《证券投资基金法》的规定要求召开或召集基金份额持有人大会并没有合同约定方面的障碍。

综上所述，在《基金合同》未约定基金份额持有人大会有关机制的情况下，参照《证券投资基金法》第九章的规定召集基金份额持有人大会，不违反任何法律、行政法规、部门规章、规范性文件、自律规则的有关规定以及《基金合同》的约定。

（2）基金份额持有人大会的召集。《证券投资基金法》在第九章第八十三条至八十六条规定了公开募集基金基金份额持有人大会的召集、召开程序及要求。

本案中,代表基金份额百分之十以上基金份额持有人的资格及授权情况如下。2019年12月20日,张江公证处向基金托管人招商证券发出(〔2019〕沪张江证发函字第880号)《上海市张江公证处函》,核实孙某某、陈某某、梁某某、杨某某、罗某某、徐某某、张某某、徐某某八位当事人是否合计持有巴菲特Ⅱ期10%以上份额。根据基金托管人招商证券向张江公证处出具的《回复函》,截至2019年12月31日,孙某某、陈某某、梁某某、杨某某、罗某某、徐某某、张某某、徐某某八人为巴菲特Ⅱ期的份额持有人,所持基金份额余额之和占巴菲特Ⅱ期基金份额总额的10%以上。

根据张江公证处出具的(〔2020〕沪张江证经字第361号)公证书,召集人的共同委托代理人张珂晶于2020年1月9日向上海宝银的工商注册地址、在中国基金业协会登记的办公地址以及《基金合同》约定的地址,都邮寄了《关于提议上海宝银创赢投资管理有限公司召集上海宝银创赢最具巴菲特潜力对冲基金Ⅱ期基金份额持有人大会的函》,提议上海宝银召集基金份额持有人大会,审议并表决《关于更换上海宝银创赢最具巴菲特潜力对冲基金Ⅱ期基金管理人及修改〈上海宝银创赢最具巴菲特潜力对冲基金Ⅱ期基金合同〉相关事项的议案》(议案一)、《关于设置上海宝银创赢最具巴菲特潜力对冲基金Ⅱ期基金份额持有人大会机制及日常机构的议案》(议案二)、《关于上海宝银创赢最具巴菲特潜力对冲基金Ⅱ期本次基金份额持有人大会会议费用承担的议案》(议案三)以及《关于本次基金份额持有人大会决议涉及〈上海宝银创赢最具巴菲特潜力对冲基金Ⅱ期基金合同〉修改事项不再签署新合同的议案》(议案四)。其中,《关于更换上海宝银创赢最具巴菲特潜力对冲基金Ⅱ期基金管理人及修改〈上海宝银创赢最具巴菲特潜力对冲基金Ⅱ期基金合同〉相关事项的议案》(议案一)的主要内容为将巴菲特Ⅱ期的基金管理人由上海宝银更换为恒天中岩。

根据2020年1月18日的落款为"上海宝银创赢投资管理有限公司"的《对〈关于提议上海宝银创赢投资管理有限公司召集上海宝银创赢最具巴菲特潜力对冲基金Ⅱ期基金份额持有人大会的函〉的回复》,"上海宝银"拒绝召集基金份额持有人大会。

根据张江公证处出具的（〔2020〕沪张江证字第621号）公证书，召集人的共同委托代理人张珂晶于2020年4月7日向招商证券邮寄《关于提议招商证券股份有限公司召集上海宝银创赢最具巴菲特潜力对冲基金Ⅱ期基金份额持有人大会的函》，提议招商证券召集基金份额持有人大会，审议并表决前述四项议案。根据招商证券于2020年4月13日出具的《答复函》，招商证券拒绝召集基金份额持有人大会。

2020年5月25日，召集人之一且作为其他召集人的共同委托代理人的孙某某，通过《上海证券报》发布《关于上海宝银创赢最具巴菲特潜力对冲基金Ⅱ期以通讯方式召开基金份额持有人大会的公告》，表明代表巴菲特Ⅱ期10%以上基金份额持有人决定自行召集基金份额持有人大会，审议前述四项议案的相关事宜。同时，该公告公布本次基金份额持有人大会以通讯开会方式召开，基金份额基准日为2020年4月30日，会议投票表决期间为自2020年5月28日起至2020年7月14日止，并列明了具体会议安排（详见召集人将向投资者寄送的《关于召开上海宝银创赢最具巴菲特潜力对冲基金Ⅱ期基金份额持有人大会会议通知》）。

综上所述，就本次基金份额持有人大会的召集人资格及召集情况，本案代理人认为：召集人符合《证券投资基金法》中关于要求召开及自行召集基金份额持有人大会的资格；在先后向基金管理人、基金托管人发函要求召集基金份额持有人大会被拒绝后，自行召集基金份额持有人大会的行为符合《证券投资基金法》的有关规定。

（2）基金份额持有人大会的会议情况。

首先，介绍基金份额持有人大会的通知与召开情况。巴菲特Ⅱ期共计有90位基金份额持有人，由于召集人无法获取巴菲特Ⅱ期基金份额持有人洪某某、冯某某、沈某某、司某某的联系方式，因此召集人的共同委托代理人张珂晶向其余的86位基金份额持有人寄送《关于召开上海宝银创赢最具巴菲特潜力对冲基金Ⅱ期基金份额持有人大会会议通知》及其附件（详见2020年5月25日出版的《上海证券报》）。

根据张江公证处（〔2020〕沪张江证字第1232—1315号）公证书，召集人的共同委托代理人张珂晶于2020年5月28日在张江公证处公证员及公证员助理的现场监督下，向安某某、王某某等84位巴菲特Ⅱ期基金份额持有人寄送《关于召开上海宝银创赢最具巴菲特潜力对冲基金Ⅱ期基金份额持有人大会会议通知》及其附件（详见2020年5月25日出版的《上海证券报》）。

根据张江公证处（〔2020〕沪张江证字第1769—1771号）公证书，召集人的共同委托代理人张珂晶于2020年6月28日在张江公证处公证员及公证员助理的现场监督下，向巴菲特Ⅱ期基金份额持有人徐某某、廖某某，并再次向基金份额持有人王某某寄送《关于召开上海宝银创赢最具巴菲特潜力对冲基金Ⅱ期基金份额持有人大会会议通知》及其附件（详见2020年5月25日出版的《上海证券报》）。

根据召集人的共同委托代理人张珂晶向投资者寄送的《关于召开上海宝银创赢最具巴菲特潜力对冲基金Ⅱ期基金份额持有人大会会议通知》，本次基金份额持有人大会以通讯方式开会，基金份额基准日为2020年4月30日，每一基金份额持有人所持表决权以基金托管人确认的2020年4月30日的数据为准。本次会议审议事项为通知前述四项议案，投票表决期间自2020年5月28日起，至2020年7月14日止，投票表决时间以表决票送达指定寄达地点的时间为准。基金份额持有人所持每份基金份额享有一票表决权。基金份额持有人对一项议案只能选择一种表决意见，表决意见是基金份额持有人以其持有的全部基金份额做出的表决意见。

其次，基金份额持有人大会的参会与表决情况如下。根据张江公证处出具的（〔2020〕沪张江证字第2126号）公证书，截止至2020年7月14日，张江公证处共收到回复信函74封。2020年7月18日，在张江公证处会议室，在公证员的现场监督下，由孙某某对送达的表决票进行清点并现场唱票，张珂晶制作《上海宝银创赢最具巴菲特潜力对冲基金Ⅱ期基金份额持有人大会现场唱票统计表》。

清点的结果显示：参加本次基金份额持有人大会投票表决的基金份额

持有人所持基金份额共计130 565 820.56份，占基金份额基准日本基金总份额147 876 155.68份的88.294%，符合《证券投资基金法》规定的基金份额持有人大会召开的有关条件。

对于本次基金份额持有人大会审议的《关于更换上海宝银创赢最具巴菲特潜力对冲基金Ⅱ期基金管理人及修改〈上海宝银创赢最具巴菲特潜力对冲基金Ⅱ期基金合同〉相关事项的议案》，参会的基金份额持有人所代表的130 565 820.56份基金份额表示同意，同意通过该议案的份额占参加投票表决的基金份额持有人所持表决权的总份额的比例达100%，符合《证券投资基金法》关于更换基金管理人的有关规定，以及《关于召开上海宝银创赢最具巴菲特潜力对冲基金Ⅱ期基金份额持有人大会会议通知》中的决议生效条件。

综上所述，本案代理人认为，召集人及其委托代理人张珂晶因为无法获取巴菲特Ⅱ期基金份额持有人洪某某、冯某某、沈某某、司某某的联系方式，所以无法寄送会议通知，但鉴于此前召集人之一且作为其他召集人的共同委托代理人的孙某某已经通过《上海证券报》发布《关于上海宝银创赢最具巴菲特潜力对冲基金Ⅱ期以通讯方式召开基金份额持有人大会的公告》，且《上海证券报》是全国性财经类日报、证监会指定的信息披露媒体，因此，我们认为召集人在其能力范围内已经履行了合理通知义务。因此，就本次基金份额持有人大会的召开、参会与表决情况，本所律师认为符合《证券投资基金法》的有关规定。本次基金份额持有人大会审议的议案一《关于更换上海宝银创赢最具巴菲特潜力对冲基金Ⅱ期基金管理人及修改〈上海宝银创赢最具巴菲特潜力对冲基金Ⅱ期基金合同〉相关事项的议案》获得通过，巴菲特Ⅱ期基金管理人变更的程序及结果符合有关法律、法规、规范性文件、自律规则的规定。

（3）恒天中岩的管理人资格确认程序。经中国基金业协会网站（https：//www.amac.org.cn/）查询，恒天中岩投资管理有限公司为在中国基金业协会登记的私募证券投资基金管理人，登记编号P1004550，未见经营异常信息提示，具备担任巴菲特Ⅱ期基金管理人的资格。

综上所述，本案代理人认为，本次巴菲特Ⅱ期的基金管理人变更事宜，符合《证券投资基金法》《私募投资基金监督管理暂行办法》《私募投资基金管理人登记和基金备案办法（试行）》《私募基金登记备案相关问题解答》等相关法律、法规及规范性文件的要求，不存在实质性法律障碍。

本次变更事项在私募基金产品备案系统中的信息备案，尚需中国基金业协会的审查批准。

9. 再次就基金份额持有人大会变更私募基金合同与中国证券基金业协会进行沟通论证

本项目的特殊性在于巴菲特系列基金为契约型私募基金，对于基金份额持有人大会能否直接变更基金合同，我们向中国证券基金业协会做出了如下分析论证。

（1）基金份额持有人大会变更基金合同的法律依据。因《基金合同》并无变更管理人或召开基金份额持有人大会的有关约定，根据《证券投资基金法》，基金份额持有人大会是基金份额持有人行使自身权利的机构，因此其有权直接决定基金份额持有人能够在多大程度上影响整个基金的经营和运作；同时，《证券投资基金法》还明确规定：基金份额持有人大会有权决定更换基金管理人，有权决定修改基金合同的重要内容。

证券投资基金说到底是为了基金份额持有人的投资利益而产生的，基金管理人、基金托管人和基金服务机构属于提供服务的职业经理人角色。证券投资基金的运作需要通过基金管理人、基金托管人以及基金服务机构来完成，为了保证基金份额持有人的利益不受损害，应当将各方的权利义务在基金合同中予以明确。因此，如果需要修改基金合同的重要内容，经过基金份额持有人大会决定更加能够保证基金份额持有人的利益。

另外，本案所涉《基金合同》约定：基金份额持有人拥有"国家有关法律法规、监管机构及本合同规定的其他权利"，而召集基金份额持有人大会就是法律赋予基金份额持有人的权利。

综上所述，从法律规定与合同约定两方面来讲，我们都认为基金份额持有人通过基金份额持有人大会变更基金合同是有法律依据的。

（2）基金份额持有人大会变更基金合同的事实依据

首先，《基金合同》中约定基金合同的变更条款如下：非因法律、法规及有关政策发生变化的原因而导致合同变更时，可采用以下方式进行基金合同变更。①全体基金份额持有人、基金管理人和基金托管人协商一致后，可对本合同内容进行变更。②基金管理人、基金托管人首先就本合同拟变更事项达成一致，然后基金管理人就本合同变更事项以约定的方式发布征求意见通知进行变更。基金管理人须在发布通知后十五个工作日内以书面或电子方式向基金份额持有人发送合同变更征询意见函（或通知）。基金份额持有人应在征询意见函（或通知）指定的日期内按指定的形式回复意见。基金份额持有人不同意变更的，应在征询意见函（或通知）指定的日期内赎回本基金（基金管理人可设置临时开放日）；基金份额持有人未在指定日期内回复意见或未在指定的日期内赎回本基金的，视为基金份额持有人同意合同变更。变更事项自征询意见函（或通知）指定的日期届满的次工作日开始生效，对合同各方均具有法律效力。③投资范围的变更参照《基金合同》"十、基金的投资（三）投资范围"中的约定：法律法规或中国证监会的相关规定发生变化需要对本合同进行变更的，基金管理人可与基金托管人协商后修改基金合同，并由基金管理人按照本合同的约定向基金份额持有人披露变更的具体内容。

基于基金合同的特殊性，《基金合同》为上海宝银制作的格式合同，各基金份额持有人为设立该基金分别签订合同。

其次，《基金合同》的上述条款并不满足格式条款无效的规定。

第一，格式条款无效的规定如下。《合同法》规定：格式条款具有本法第五十二条和第五十三条规定情形的，或者提供格式条款一方免除其责任、加重对方责任、排除对方主要权利的，该条款无效。其中《合同法》第五十二条规定：有下列情形之一的，合同无效：（一）一方以欺诈、胁迫的手段订立合同,损害国家利益;(二)恶意串通,损害国家、集体或者第三人利益;(三)以合法形式掩盖非法目的;(四)损害社会公共利益;(五)违反法律、行政法规的强制性规定;《合同法》第五十三条规定:合同中的下列免责条款无效:(一)造成对方人身伤害的;(二)因故意或者重大过失造成对方财产损失的。

第二,《基金合同》中约定的基金合同变更条款不符合格式条款无效的规定。《基金合同》中关于基金合同的变更、终止约定为:"非因法律、法规及有关政策发生变化的原因而导致合同变更时,可采用以下三种方式中的一种进行基金合同变更。"关于基金合同的变更、终止,《基金合同》规定了几种方式可进行选择,给予了基金份额持有人选择权,并不能以其中某一个条款的具体实施不好操作,就认为基金合同的变更条款符合格式条款无效性的规定。

第三,基金合同中关于基金合同的变更、终止的约定,并没有免除基金管理人责任,加重基金份额持有人责任、排除基金份额持有人主要权利。我们认为该约定充分尊重了各方的权利且其为合同中常见的条款,但其制定时没有考虑契约型私募基金的特点,也未考虑到更换管理人的情形,该条款很难具体实施。基金合同中上述变更基金合同的条款无明显免除提供格式条款一方当事人主要义务、排除对方当事人主要权利的条款,不符合格式条款无效的规定,因此,进行格式条款无效确认之诉可能造成司法资源的浪费。

但是,《基金合同》中约定的"全体基金份额持有人、基金管理人和基金托管人协商一致后,可对本合同内容进行变更"条款又并未对该协商方式进行具体约定,且对于契约型私募基金,当投资人多达百余人的时候是很难达到完全协商一致的,此条款实质上是形同虚设。

结合本案背景,因上海宝银无法履行基金管理人职务,巴菲特Ⅱ期基金现已陷入僵局,基金份额持有人在依据合同约定寻求救济无法得到实现时,选择依据法律规定召集基金份额持有人大会维护自身合法权益合情合理。

10. 通过份额持有人大会的形式修改基金合同与基金合同约定的修改方式并不冲突

对《基金合同》进行变更是基金份额持有人的权利，合同约定的变更基金合同的方式与法律规定的变更基金合同的形式并不相互排斥。结合到本案实际情况，因《基金合同》为格式合同，合同的条款在签订时并未与投资者进行协商，且合同中并没有关于变更基金管理人的约定，现基金份额持有人因管理人上海宝银存在过错想要修改基金合同，那合同中关于变更基金合同需全体基金份额持有人、基金管理人和基金托管人协商一致方可变更基金合同的约定就无法实施，且合同也并未就协商一致的程序进行详细规定。基于此原因基金份额持有人在依据合同约定难以实施的前提下选择法律规定的途径有理有据，而且这也是《基金合同》中约定的基金份额持有人的权利，因此两种变更基金合同的方式并存并不冲突。

另外，合同目的反映当事人的订约意图，而合同的标的、数量、质量等具体条款是为实现该目的而确定的具体事项。合同目的相当于"纲"的作用，而合同的其他具体条款则是"目"。如果当事人考虑很充分，合同具体条款很完善，则合同的目的可以得以实现。但是，人所能考虑到的事项毕竟是有限的，而且合同条款的篇幅也是有限的，很难对所有可能出现的情况都充分考虑。当考虑不周时，可能导致合同具体条款的漏洞，即合同约定不明确，此时，合同目的就可以成为对这些漏洞的补充完善。

为此《民法典》第五百一十一条规定："当事人就有关合同内容约定不明确，依据前条规定仍不能确定的，适用下列规定：

（一）质量要求不明确的，按照强制性国家标准履行；没有强制性国家标准的，按照推荐性国家标准履行；没有推荐性国家标准的，按照行业标准履行；没有国家标准、行业标准的，按照通常标准或者符合合同目的的特定标准履行。

（二）价款或者报酬不明确的，按照订立合同时履行地的市场价格履行；依法应当执行政府定价或者政府指导价的，依照规定履行。

（三）履行地点不明确，给付货币的，在接受货币一方所在地履行；

交付不动产的，在不动产所在地履行；其他标的，在履行义务一方所在地履行。

（四）履行期限不明确的，债务人可以随时履行，债权人也可以随时请求履行，但是应当给对方必要的准备时间。

（五）履行方式不明确的，按照有利于实现合同目的的方式履行。

（六）履行费用的负担不明确的，由履行义务一方负担；因债权人原因增加的履行费用，由债权人负担。"

在上述约定不明的六种情况中，有两种情形可以根据合同目的进行确定，而且该条并非强制性条款，所以合同目的对合同具体条款的完善作用并不限于上述二种情况。

由此可见，合同具体条款有漏洞时，可以根据合同目的对合同漏洞进行完善。结合本案，关于变更基金合同的具体条款难以实施时，我们可根据合同目的去寻找救济途径。

综上，案涉基金为契约型私募基金，基金份额持有人大会有利于维护基金份额持有人的权益，也是对基金份额持有人意思自治的尊重。《基金合同》中载明，订立本合同的目的是明确本合同当事人的权利义务、规范本基金的运作、保护基金份额持有人的合法权益。当基金运作遇到问题，本着维护基金份额持有人的合法权益的精神，通过基金份额持有人大会对基金合同进行变更是对所有基金份额持有人公平对待的一种途径，若仅仅按照合同约定只有全体基金份额持有人协商一致才能变更合同（仅个别基金份额持有人不同意的情况下就不能变更），是否又是对其他同意的人的一种不公平对待。另外，对于不同意变更合同的部分基金份额持有人，其依然有维护自身合法权益的途径，例如，其可转让基金份额或者通过下文中新的管理人的展业计划维护其权益。

11. 基金份额持有人大会的召集与表决

（1）基金份额持有人身份适格。基金份额持有人大会的召集与表决程序已通过之前的法律意见书进行了论证，因此前有部分基金份额持有人对上海宝银提起仲裁要求其赎回基金份额，该仲裁裁决也已生效，那么这部分人基金持有人是否还具有基金份额持有人的身份呢？在基金份额持有人大会召集之时，这部分人的基金份额并未被赎回，基于其拥有基金份额的事实，已生效的仲裁裁决并不影响其基金份额持有人的身份，因此这部分基金持有人其仍有权参加基金份额持有人大会。

（2）变更管理人与赎回仲裁是否存在冲突。《信托法》第四十条明确规定："受托人职责终止的，依照信托文件规定选任新受托人；信托文件未规定的，由委托人选任；委托人不指定或者无能力指定的，由受益人选任；受益人为无民事行为能力人或者限制民事行为能力人的，依法由其监护人代行选任。原受托人处理信托事务的权利和义务，由新受托人承继。"另外，根据《证券投资基金法》第二条的规定，对于《证券投资基金法》未规定的，适用《信托法》以及《证券法》的规定。因此，变更后的基金管理人有义务根据法律法规的规定及基金合同约定履行管理人的各项责任及义务，并对变更后的管理行为负责。

综上所述，之前有一部分基金份额持有人已通过仲裁的方式要求原管理人上海宝银进行回购，截止基金份额持有人大会变更管理人之时，相关机构未履行生效裁决。同时，我们认为变更管理人与赎回仲裁并不存在冲突，赎回仲裁关于赎回部分裁决的是让上海宝银对申请人支付基金赎回款，若申请人以生效判决要求新的管理人直接支付基金赎回款，我们认为实践中很难得到执行法院支持。因生效裁决的被申请人为上海宝银，且裁决内容为上海宝银直接支付赎回款，若裁决的是上海宝银应履行赎回义务，那结合《信托法》四十条，新的基金管理人需配合申请人基金份额的赎回。

（3）关于大会表决议题的论述。《中华人民共和国证券投资基金法》第四十七条规定："基金份额持有人大会由全体基金份额持有人组成，行使下列职权：

（一）决定基金扩募或者延长基金合同期限；

（二）决定修改基金合同的重要内容或者提前终止基金合同；

（三）决定更换基金管理人、基金托管人；

(四)决定调整基金管理人、基金托管人的报酬标准;

(五)基金合同约定的其他职权。"

本次基金份额持有人大会一共表决了四个议案,而这四个议案均是上述第四十七条规定的持有人大会的表决职权范围。

(4)大会的决议对所有基金份额持有人具有约束力的理论依据。基金份额持有人大会的表决制度背后透露的是资本多数决原则,即当一个团体需要做出一个统一的决定却有存在意见分歧时,大家根据人数较多的那部分人的意见来做决定,另外的小部分人也需服从这一决定。由多数人来决定集体的事务的做法在人类社会中一直存在,我们在日常生活中完全可以感知,这也是社会实践中各种团体形成决议的一项基本原则。

《政府论》中也阐述过多数决的重要意义。洛克认为:人们是天生自由平等和独立的,他们通过与其他人达成一致的方式来建立一个共同体,让这个共同体更好地实现大家的共同利益,防御可能发生的共同灾害,从而促进自己的福祉。而这个共同体要采取行动必须取得他的成员的同意,而要使得大家每一个决定都达成一致显然是不可能的,而且只能使这个集体走向解散。所以,这就有必要使这个整体按照较大的力量所定的方向采取行动。这个较大的力量就是大多数人的同意,每个人都应依据大多数人的同意而受大多数人的约束。

虽然本案的《基金合同》为每个投资者分开签署,但大家签署这个合同一起组成了Ⅱ期基金的基金份额持有人,形成的就是一个团体,想要变更这个合同就得经过团体决议。

在我国的法律规定中也有很多体现多数决的条款,例如:

《公司法》第四十三条规定:"股东会的议事方式和表决程序,除本法有规定的外,由公司章程规定。股东会会议作出修改公司章程、增加或者减少注册资本的决议,以及公司合并、分立、解散或者变更公司形式的决议,必须经代表三分之二以上表决权的股东通过。"

《民法典》第二百七十八条规定:"下列事项由业主共同决定:

(一)制定和修改业主大会议事规则;

（二）制定和修改管理规约；

（三）选举业主委员会或者更换业主委员会成员；

（四）选聘和解聘物业服务企业或者其他管理人；

（五）使用建筑物及其附属设施的维修资金；

（六）筹集建筑物及其附属设施的维修资金；

（七）改建、重建建筑物及其附属设施；

（八）改变共有部分的用途或者利用共有部分从事经营活动；

（九）有关共有和共同管理权利的其他重大事项。业主共同决定事项，应当由专有部分面积占比三分之二以上的业主且人数占比三分之二以上的业主参与表决。决定前款第六项至第八项规定的事项，应当经参与表决专有部分面积四分之三以上的业主且参与表决人数四分之三以上的业主同意。决定前款其他事项，应当经参与表决专有部分面积过半数的业主且参与表决人数过半数的业主同意。"

（5）结合Ⅱ期基金的实际情况，基金份额持有人大会变更《基金合同》的决议对所有的基金份额持有人具有约束力。

首先，我们需要明确变更基金合同并不是基于合同中关于变更基金合同条款的约定，反而是因为基金合同的约定条款进入僵局才不得不寻求法律的规定来解决问题。既然我们已经依据法律规定选择了基金份额持有人大会，就要遵守基金份额持有人大会召集及表决程序的要求；同时，只要决议的事项符合召集及表决程序，其结果当然适用于该基金的所有基金份额持有人。案涉基金的基金份额持有人大会的召集与表决程序是在公证人员的公证下进行的，对于变更《基金合同》的表决程序及结果也都符合决议生效的比例要求，因此变更后的《基金合同》对所有的基金份额持有人具有约束力。

其次，根据前面的论述可知，对于不同意变更的基金份额持有人，在大会决议有效的前提下，其表决结果当然适用于所有人，不同意的这部分人也包括在内。另外，《证券投资基金法》中也没有规定对于基金份额持有人大会表决事项持反对意见的人，基金需对这部分人设计回购安排。

最后，基金份额持有人大会的决议恰恰是为了维护所有基金份额持有人的利益。本案中，上海宝银作为管理人损害了基金份额持有人利益，其不能履行基金管理人的职务时基金份额持有人的利益也得不到实现，若一直僵持下去只会进一步扩大损害；在更换基金管理人的同时对基金合同进行变更，是为了更好的运行案涉基金，不同意部分的持有人仍然享有《证券投资基金法》规定的基金份额持有人转让基金份额的权利。

12. 关于原管理人上海宝银的安排

巴菲特Ⅱ期基金的原基金管理人上海宝银存在多种违法、违约行为，其法定代表人及本基金的基金经理崔某某涉嫌刑事案件已无法履职，且上海宝银内部分化成两方势力不断斗争，导致无法履行基金管理人职务。

有投资者反馈，宝银因涉及非法吸收公众存款被当地检察机关提起公诉；如果后续上海宝银非吸的违法事实一旦被确认，其将面临遭受监管和自律处罚以及丧失管理人资格的处境。基于目前协会还未变更基金的新的管理人，若启动管理人注销流程，基金合同也将被终止。若按照协会建议先对上海宝银创赢投资管理有限公司启动管理人注销流程，其被注销后将会导致基金合同终止，最终会导致基金进入清算程序，而此时再来更换管理人，能否继续召集份额持有人大会，其召集程序如何？基金份额持有人依据法律召开持有人大会更换基金管理人的目的，就在于维护基金的继续运营，若启动管理人注销流程迫使基金进入清算程序，将违背基金份额持有人的意愿，并且严重损害基金份额持有人的利益。

另外，上海宝银创赢最具巴菲特潜力对冲基金具有多期，Ⅱ期基金合同只是其中的一期，若启动管理人注销流程，其他期的基金合同也会面临和Ⅱ期同样的问题，这种特形严重违背了各期基金份额持有人希望继续运营基金的自主意愿，并且也会对其利益造成损害。

（三）项目最新进展及办案感想

2021年1月，根据获取的消息，上海宝银因涉非法吸收公众存款被当地检察机关提起公诉，而后续上海宝银违法事实一旦被确认，将面临监管和自律处罚，并丧失管理人资格，中国证券投资基金业协会也正在准备注销上海宝银的私募基金管理人的资格。若上海宝银被注销了私募基金管理人的资格，巴菲特系列基金将根据基金合同的约定进行终止，被迫进入清算程序。

巴菲特系列基金为契约型私募基金，原私募基金管理人上海宝银在设计基金合同时，并未对私募基金管理人本身进行过多约束，也并没有在基金合同中约定设立基金份额持有人大会。

作为投资者而言，其将资金投入契约型私募基金后，主要依赖于私募基金管理人对于基金管理来获益。契约型基金不同于公司型基金和合伙型基金，若没有在基金合同中约定投资者的权益，契约型私募基金的投资者很难对私募基金管理人的行为进行监督和约束。

笔者在此也向广大投资者进善意提醒，虽然我们依赖于专业的私募基金管理人对基金的管理来获得收益，但投资者并不应该忽视后期基金的管理与退出。要完成一个完整的投资行为，基金在募、投、管、退的各个环节投资者都需要参与、关注。同时，投资者也应当对管理人的行为有所监督和约束，不能仅仅依赖于管理人的信息披露机制来保护自己的权益。

二、从某基金公司的退出困境看特殊财产管理对公司的重要性

(一) 案情简介

A投资公司与B投资公司共同投资设立C公司，A投资公司股权比例为51%，B投资公司股权比例为49%。C公司的法定代表人由A投资公司的法定代表人刘某担任，C公司的总经理兼董事张某与B投资公司有一定的关联。C公司发起设立契约型私募基金D基金，并担任D基金的基金管理人，C公司代表D基金参与某PPP项目。

同时，A投资公司为某证券公司全资设立的私募基金子公司。自2016年以来，证监会不断加强对证券期货经营机构私募资管业务的监管力度，根据《证券公司私募投资基金子公司管理规范》等有关规定的要求，证券公司的私募基金子公司不得在下设的基金管理机构等特殊目的机构之外设立其他机构。因此，A投资公司在相关规定出台之后，着手以转让、清算等方式清理不符合规定的对外投资项目，逐步完成合规整改，而C公司正是A投资公司需要最终实现退出的一个主体。

在此背景下，2018年3月至5月间，A投资公司分别与甲公司、乙公司、丙公司签署《股权转让协议》，分别向甲公司、乙公司、丙公司转让其持有的C公司10%、31%、10%的股权，甲公司、乙公司、丙公司均已向A投资公司支付了股权转让价款。

因甲公司和乙公司均系张某找来的投资主体，且张某与B投资公司有一定的关联，所以在甲公司和乙公司支付股权转让价款之后，应张某的要求，C公司的印章、证照、财务资料以及银行U盾等特殊财产均移交给张某。C公司的章程、相关管理制度或合同等文件均未对印章、证照、财务资料、银行U盾等特殊财产由谁保管作出明确规定。

张某控制C公司的上述财产后，实际控制着C公司。上述三笔股权转让，因张某控制C公司公章且拒不配合，均未完成工商变更登记手续。后

甲公司向 A 投资公司提交解除股权转让协议、返还股权转让价款的申请；乙公司也向 A 投资公司发送函件，通知 A 投资公司解除股权转让协议，并要求返还股权转让价款；丙公司因其系 A 投资公司的关联方而未采取任何举措。

因监管要求，A 投资公司已向证监会报送了其在 C 公司持有的股权变动的情况，然而上述三笔股权转让均未完成工商变更登记手续，导致 A 投资公司实质上违反了其向证监会所做的说明。后续 A 投资公司也必须在股权转让的交易背景下解决相应合规问题。

在 D 基金层面，C 公司代 D 基金投资的某 PPP 项目中，C 公司代 D 基金持有 PPP 项目公司 40% 的股权，后 C 公司将其代 D 基金持有的项目公司 40% 的股权转让给 E 公司。E 公司支付了股权转让对价，但因张某控制 C 公司印章，相应工商变更手续亦未履行。C 公司退出该 PPP 项目的相关程序无法进行，D 基金层面的清算工作也无法展开。

此外，张某还以 C 公司名义，与某律所签署法律顾问合同，并实际支付部分律师费；与李某等人签署劳动合同，并支付薪资、社保及公积金。上述合同均无 C 公司法定代表人签字（上述主体的关系见图 2-1）。

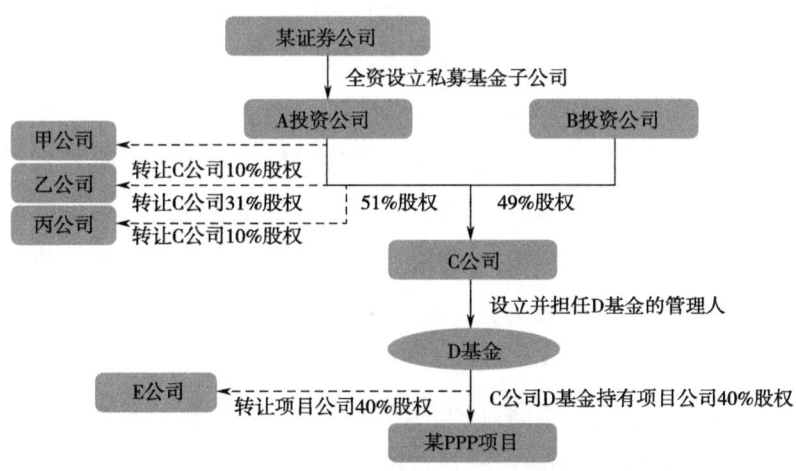

图 2-1　A、B、C、D 公司关系图

（二）案情分析

通过上述案例可以看出，张某控制 C 公司印章、证照、财务资料、银行 U 盾后，实际掌控了 C 公司的运营，对 C 公司与 A 投资公司产生了如下重大的影响。

第一，A 投资公司向甲公司、乙公司、丙公司的股权转让无法完成工商变更登记，导致 A 投资公司违约。未就股权转让按期完成工商变更登记，转让方 A 投资公司有被认定构成违约的可能性。无论从合同当事人的合意，还是股权交易的实际履行情况来看，受让方甲公司、乙公司、丙公司均没有成为 C 公司的股东，其合同目的尚未实现。因此，A 投资公司的违约行为可能被认定为根本违约，乙公司的解除合同的请求也可能得到支持。

第二，C 公司向 E 公司的股权转让无法完成工商变更登记，导致 C 公司违约。根据 C 公司与 E 公司之间的股权转让合同，完成工商变更登记的义务主体为 C 公司，未就股权转让按期完成工商变更登记的事项，可能导致 C 公司违反股权转让合同的相关约定，存在承担相应违约责任的可能。

第三，A 投资公司失去对 C 公司账户的控制。C 公司的银行 U 盾由张某掌握之后，张某可对 C 公司的资金进行支配，且张某掌握 C 公司的会计凭证、会计账簿、财务会计报告等财务资料，A 投资公司无法获知 C 公司的财务状况，无法确定财务活动的真实性。

第四，A 投资公司失去 C 公司人事任免的权利。张某掌握 C 公司的公章后，以 C 公司名义与劳动者签订合同，虽然劳动合同上无法获得 C 公司法定代表人的签字，但是可以通过对劳动合同生效条款的调整，使劳动合同在盖章后即发生法律效力，A 投资公司无法掌控 C 公司的人事任免活动。

第五，D 基金无法退出某 PPP 项目，无法进行清算。虽然 C 公司已代 D 基金获得 E 公司支付的股权转让对价，但是并不代表 D 基金实际退出某 PPP 项目，后续还需通过谈判、签署协议等方式全面退出项目，避免 D 基金承担后续责任。此外，针对 D 基金提前退出项目的事项，究竟是属于基金管理人C公司自行决定的事项，还是应当召开基金份额持有人大会作出决定，D基金的《基金合同》并没有作出明确约定。因此，从避免纠纷的角度考虑，D基金应当召开基金份额持有人大会，明确D基金提前终止。

此外，在决定终止D基金的基金份额持有人大会决议通过之日起10个工作日内，根据《基金合同》的约定，D基金应当成立清算小组，处理D基金的清算事宜，包括统一接管基金财产、对基金财产和债权债务进行清理和确认、对基金财产进行变现、制作清算报告以及对基金剩余财产进行分配等事项。

但无论是退出PPP项目、与相关主体签署协议，还是召开基金份额持有人大会、进行D基金的清算工作，均须基金管理人C公司参与甚至主导，C公司也应当签署有关文件，办理相关手续。

公司印章是公司对外进行活动的有形代表和法律凭证，公司的法律行为一般通过加盖公司印章尤其是公章的形式来体现；但C公司的印章由张某实际控制，若张某不配合退出某PPP项目、召开基金份额持有人大会以及清算D基金等相关工作，不在相应文件上加盖公章，则C公司无法完成PPP项目的退出和D基金的清算事项，同时也将对A投资公司完成合规整改造成阻碍。因此，A投资公司能否取回C公司的公章、证照、财务资料以及银行U盾等特殊财产，尤其是取回C公司的公章，是D基金退出PPP项目、进行清算以及A投资公司顺利退出C公司等事项的关键。

（三）解决方案

1. 变更公章、补领营业执照以及变更银行预留印鉴等

实践中，一般而言，如公章不慎丢失，首先需要到丢失地点所在的派出所报案，领取报案证明，然后持报案证明原件及复印件，营业执照原件及复印件，在省市级以上报纸上做登报声明，声明公章作废。登报几天后，法定代表人需亲自持整张声明的报纸原件、营业执照原件及复印件、法人身份证原件及复印件，以及一份由法定代表人签字的说明材料，去公安局办理挂失手续。公安机关审核通过后，会发放刻章许可证，这时就可以到指定的刻章单位去刻制新公章。

申请补领营业执照的,首先需要在国家企业信用信息公示系统上公示营业执照作废声明,发布作废声明后,需填写相应的补营业执照申请书,申请书需要由公司法定代表人签字,还需加盖公司公章。

根据《人民币银行结算账户管理办法实施细则》的规定,单位存款人申请更换预留公章或财务专用章但无法提供原预留公章或财务专用章的,应向开户银行出具原印鉴卡片、开户许可证、营业执照正本、司法部门的证明等相关证明文件。在央行取消开户许可证制度实施后,银行可不再另行审核开户许可证。所谓"司法部门的证明",实践中一般要求县级以上公安机关出具的文件,部分银行也可接受登报公告遗失声明。因此,申请变更银行预留印鉴的,需要携带营业执照(正本)、法定代表人身份证、公安局或工商局相关证明(或登报遗失声明)、印鉴卡客户联、新刻制印章,以及填写后的《单位银行账户预留印鉴挂失申请书》。个人名章无须登报遗失声明,但需客户提供个人名章丢失说明,办理印鉴挂失手续。在变更银行预留印鉴后,才能凭借新的印鉴变更银行U盾。

综上所述,在本案中,将失去控制的公司公章、营业执照、银行U盾等物品宣布作废而重新变更补领,在实际办理时可能会陷入互为条件的困境。就本案而言,张某持有C公司的印章、营业执照,且C公司目前难以作出股东会决议、董事会决议的情况下,预计比较困难,故而此种方案并非最优方案。

2. 以C公司名义提起"公司证照返还纠纷"之诉

"公司证照返还纠纷"是一个独立的三级民事案由,该类纠纷涉及的返还标的物范围并不仅限于公司证照,还包括公司的各类印章以及其他对于公司拥有特殊意义的财产。针对本案的情况,"公司证照返还纠纷"之诉有以下几点需要注意。

(1)公司印章、证照等特殊财产的有权保管主体。在公司的章程、制度或者相关合同等文件明确规定了印章、证照等特殊财产的保管主体的情况下,该主体即为有权保管主体;但如果是类似C公司在章程、制度或者相关合同中均未对印章、证照等财产由谁保管作出明确规定的情况，最高人民法院在（〔2012〕民申字第1205号）民事裁定书中认为："公司公章归公司所有，由相关工作人员根据公司授权保管使用，法定代表人是代表法人行使职权的负责人。根据原审查明的事实，马耀基是年富公司法定代表人，年富公司的合资合同、章程或相关管理制度均未对公章由谁保管作出明确规定，在此情况下，一、二审法院判令将公章交由法定代表人马耀基收执保管并无不当。"在其后的司法实践中，各级人民法院一直遵从这一原则，因此，在C公司的章程、制度等均未对印章、证照等特殊财产的管理做出规定的情况下，C公司的法定代表人刘某应为印章、证照等特殊财产的保管主体。

（2）"公司证照返还纠纷"之诉的管辖问题。从司法实践的普遍观点来看，"公司证照返还纠纷"之诉的请求权基础为侵权法律关系，而根据《中华人民共和国民事诉讼法》第二十八条的规定，因侵权行为提起的诉讼，由侵权行为地或被告住所地法院管辖。《最高人民法院关于适用〈中华人民共和国民事诉讼法〉的解释》第二十四条规定："民事诉讼法第二十八条规定的侵权行为地，包括侵权行为实施地、侵权结果发生地。"司法实践中，法院多认定公司住所地为侵权行为实施地或侵权结果发生地。

如四川省成都市中级人民法院在（〔2017〕川01民辖终885号）民事裁定书中认为："本案公司住所地为侵权行为地，因公司住所地位于成都市武侯区，故成都市武侯区人民法院对本案有管辖权正确。至于上诉人黎忠华所述公司实际办公地为成都市青羊区，因无相关证据予以证明，故其上诉理由不能成立，本院不予支持。"

又如北京市第三中级人民法院在（〔2017〕京03民辖终1576号）民事裁定书中认为："本案中，原审原告文化公司诉称吴云山拒不向其返还公司证照等，严重侵害了文化公司的利益，文化公司住所地位于北京市朝阳区，故北京市朝阳区人民法院作为侵权结果发生地人民法院依法对本案有管辖权。吴云山的上诉请求应予驳回。"

（3）没有公章如何立案的问题。本案中，"公司证照返还纠纷"之诉的原告应为 C 公司，但 C 公司的公章已由张某控制，所以在起诉状上就无法加盖 C 公司的公章。根据司法实践的经验，此时应由 C 公司法定代表人刘某在起诉状上签字。

如北京市第二中级人民法院在（〔2016〕京 02 民终 8037 号）民事判决书中认为："本案中，有朋公司登记在案的法定代表人为冯鹏，故冯鹏代表公司提起本案诉讼不违反法律规定，并无不当，在公司公章缺位时，法定代表人的签字可以代表公司意志。"

（4）证明被告持有公章、证照等公司特殊财产。在"公司证照返还纠纷"之诉中，原告除需证明被告无权持有、使用公司印章、证照等特殊财产外，还需提供证据证明被告实际占有这些公司特殊财产，否则将可能承担举证不利的法律后果。

如上海市宝山区人民法院在（〔2019〕沪 0113 民初 5202 号）民事判决书中认为："原告主张的其余证照物品，鉴于被告否认在其处，原告应当予以举证证明，而原告所举的微信聊天记录表述较为笼统，从中无法看出被告究竟持有的是哪些证照物品，因此尚不足以证明该些证照物品在被告处，故对原告要求被告返还该些证照物品的诉讼请求，本院不予支持。"因此，在本案中，C 公司需证明张某目前实际占有 C 公司的印章、证照、财务资料以及银行 U 盾等特殊财产。

实践中，原告可以展示公安报警回执单，催要印章、证照、财务资料、银行 U 盾等的催告函、通知函等沟通文书，催要公司印章、证照等的微信聊天记录、邮件、电话录音等，以及其他能证明被告占有或合理怀疑其占有公司印章、证照等财产的相应证据来证明被告的侵权行为。

此外，还可以通过股东会、董事会决议等形式，明确要求侵占方返还公司的相应财产。如浙江省杭州市中级人民法院在（〔2015〕浙杭商终字第 2510 号）民事判决书中认为："本院认为，公司印章和资质证照属于公司财产，浙江益和公司根据已被生效判决认定有效的董事会决议（《关于要求总经理许某某先生缴回公司印章和资质证照的议案》）要求许某某返还公司印章和资质证照于法有据，许某某以其根据股东合意保管公司印章和资质证照、返还后侵害股东合法权益等为由拒不返还缺乏事实和法律依据，本院不予支持。"

（5）特殊侵权主体的法定赔偿责任。《公司法》第一百四十七条明确规定："董事、监事、高级管理人员应当遵守法律、行政法规和公司章程，对公司负有忠实义务和勤勉义务。董事、监事、高级管理人员不得利用职权收受贿赂或者其他非法收入，不得侵占公司的财产。"

《公司法》第一百四十九条规定："董事、监事、高级管理人员执行公司职务时违反法律、行政法规或者公司章程的规定，给公司造成损失的，应当承担赔偿责任。"

上述规定明确表示公司的董监高对公司负有忠实义务和勤勉义务，不得侵占公司的财产，且如果此类行为损害了公司的利益，则应当承担相应的赔偿责任。印章、证照、财务资料、银行U盾等特殊财产属于公司财产，张某作为C公司的总经理，对C公司负有忠实义务和勤勉义务，而不应侵占C公司的印章、证照等财产，如C公司因此遭受了损失，张某还应当向C公司承担赔偿责任。但应当注意的是，赔偿的前提是C公司证明因此遭受了损失，实践中关于公司因此遭受的损失一般较难举证，金额也难以认定。

（6）申请保全或者先予执行。关于申请保全，因证照可对外直接代表公司，印章可体现公司的意思表示，银行U盾可以进行银行转账，所以在诉讼期间，被告可能会利用其占有的公司特殊财产，进行与第三人签订合同、转移公司财产等行为。为了避免这种潜在风险，原告应当向法院提出诉前或诉中的保全申请，申请对公司的特殊财产采取保全措施。

如北京市大兴区人民法院对原告因（〔2014〕朝民初字第00920号）案件申请的诉前保全作出裁定，并依据其作出的诉前保全裁定书，将盛明控制的日邦公司合同专用章、财务专用章、公章、组织机构代码证（副本）、营业执照（副本）、印刷许可证以及存放在铁皮柜子中的财务资料予以查封。

除申请保全外，原告还可依据《中华人民共和国民事诉讼法》第一百零六条的规定,提出案件为"因情况紧急需要先予执行的"的案件,请求人民法院裁定先予执行。如在[(2013)兴九民初字第6号]案件中,原告李某某向四川省兴文县人民法院申请先予执行被告保管的众森矿业公司的印章、工商营业执照、组织机构代码证、安全生产许可证、采矿许可证、税务登记证,法院依法进行了先予执行,并将上述印章等证照手续交给了原告李某某。

实践中,"公司证照返还纠纷"之诉往往涉及公司内部对于公司控制权的争夺,因此,部分法院不会裁定将案件的诉争标的交给原告,而是由法院提存保管。如广东省惠州市大亚湾经济技术开发区人民法院在([2014]惠湾法民二初字第13-1号)民事裁定书中认为:"现原告陈某某以防止被告郑某某利用保管某某公司印章和证照实施损害其股东权益行为为由,提出先予执行被告郑某某立即交还某某公司印章和证照归其保管的申请,符合法律规定,但为了保障公司全体股东的合法权益不受侵害,在本案审理期间应将某某公司公章、法定代表人陈某某私章、财务专用章、合同专用章、营业执照交由本院提存保管。"

(四) 公司印章、证照等特殊财产的管理建议

通过上述A投资公司争议案例以及相关判决可知,"公司证照返还纠纷"在实践中屡见不鲜,而等到出现纠纷时再解决,对公司的经营会产生较大的影响,而且在纠纷解决阶段还存在举证不能等风险。根据办理上述案件的经验,笔者认为公司对于印章、证照等特殊财产的管理应当注意以下几个方面。

1. 以制度、决议等形式明确印章、证照等的管理

公司应当通过公司管理制度、决议等形式,明确印章、证照等公司特殊财产的管理者、持有者、使用流程等内容,确保能够锁定到具体的责任人,同时在发生纠纷时也能帮助判定是否发生无权占有的情形。

2. 建立印章、证照等公司特殊财产的交接手续

公司应当通过公司管理制度,明确印章、证照等公司特殊财产的交接流程,在对印章、证照等公司特殊财产进行交接时,要求必须签署交接

单，然后才能领取印章、证照等公司特殊财产。将来一旦发生纠纷，可通过交接单证明相应主体持有公章、证照等公司特殊财产。

3. 及时备案公司印章

公司刻制公章、财务专用章、发票专用章、合同专用章、法人名章等印章后，以及在上述印章丢失、被盗并进行挂失补办后，公司应当及时向公安机关备案。无论当地法规是否有要求，公司都应当及时进行印章备案，使印章得到法律保护。虽然公司可能因表见代理等原因而承担相应的经济责任，但通过对印章进行备案能避免部分经营障碍和法律风险。

4. 通过公证证明相关事实

如果出现公司公章印章、证照被侵占的情况，公司可以通过发函的形式要求无权占有人交还公司印章、证照等特殊财产，在发函的同时，公司可对相应函件及程序进行公证，通过具有较高效力的公证证据证明公司曾向无权占有人主张交还公司印章、证照等特殊财产。

三、资管新规过渡时期银行理财产品转型相关法律问题

（一）背景介绍

2018年04月27日，中国人民银行、中国银行保险监督管理委员会、中国证券监督管理委员会、国家外汇管理局联合发布《关于规范金融机构资产管理业务的指导意见》（下称《指导意见》），由此大资管监管体系正式建立，此后各金融监管部门陆续组织制定、发布配套监管细则。银行业方面主要包括《商业银行理财业务监督管理办法》（中国银行保险监督管理委员会令2018年第6号资管新规，以下简称"资管新规六号文"）和《商业银行理财子公司管理办法》（中国银行保险监督管理委员会令2018年第7号，以下简称"资管新规七号文"）。

为符合监管要求，各大银行陆续申请设立理财子公司，推进理财产品转型。据了解，截至2020年2月12日，已有30余家银行发布公告计划设立理财子公司，而六大国有银行的理财子公司和光大银行、招商银行、兴业银行、宁波银行及杭州银行旗下的理财子公司已获准开业。

近日，笔者为某银行理财产品转型提供法律支持，就此过程中有关法律问题进行简单整理，以期抛砖引玉。

（二）过渡期存量理财产品管理问题

对过渡期存量理财产品的管理方式进行简单分类，主要为以下三种。

第一种是银行自己管理的理财产品；第二种是移交理财子公司管理的理财产品（这里，理财子公司会变更为理财产品管理人，银行完全退出理财合同及其他文件的法律关系）；第三种是银行委托理财子公司管理的理财产品（此时，理财产品管理人仍为银行）。

前两种方式争议较少，对于第三种方式，实务中如何操作尚值得研究。假设某银行与其理财子公司签署《委托操作协议》，将以银行名义发行的理财产品（含新发）及对应资产，委托其理财子公司进行日常经营管

理，委托内容包括组合管理、产品生命周期管理、投资及风险管理、日常运维等，而这种模式（以下简称"委托管理模式"）面临的问题是：理财产品及其存续资产涉及的相关合同是否仍需以银行名义签署，能否加盖理财子公司的印章？

1. 委托管理模式下，理财产品及其存续资产涉及的相关合同是否仍需以银行名义签署、能否加盖理财子公司印章

《指导意见》第八条第二款第（九）项规定："金融机构应当履行以下管理人职责……以管理人名义，代表投资者利益行使诉讼权利或者实施其他法律行为。"

资管新规六号文第四十八条第一款及第二款规定，"商业银行应当以书面方式明确界定双方的权利义务和风险责任承担方式，切实履行投资管理职责，不因委托其他机构投资而免除自身应当承担的责任"；"本办法所称理财投资合作机构包括但不限于商业银行理财产品所投资资产管理产品的发行机构、根据合同约定从事理财产品受托投资的机构以及与理财产品投资管理相关的投资顾问等"。

在委托管理模式下，理财子公司属于资管新规六号文中定义的"根据合同约定从事理财产品受托投资"的理财投资合作机构，银行将理财产品委托理财子公司投资的，不因委托其他机构投资而免除自身应当承担的责任。

因理财产品是以银行名义发行（即该理财产品及相应资产的管理人为银行），银行应切实履行管理人的义务、承担相应责任。

同时结合资管新规七号文第二十四条的规定，理财子公司的业务范围不包括接受其他管理人的委托开展理财活动，即形式上理财子公司不应代银行作出投资决策或以自己的名义代银行对外开展活动。据了解，在目前的过渡阶段下，监管允许银行将存量理财产品的部分管理职能委托给理财子公司，但理财子公司仍需以银行的名义履行职能（如交通银行委托交银理财有限责任公司进行管理的模式），经移行手续后，各方才能以理财子公司的名义管理银行存量理财产品。

从合同相对性的角度，银行发行的理财产品，银行作为管理人与投资者签署理财产品有关文件,若存续资产涉及的相关合同以理财子公司名义签署,实质上是将理财产品的管理人由银行变更为理财子公司,合同主体发生变更,对理财产品的投资收益可能造成重大影响;这种情况下,根据资管新规号文信息披露的有关规定,应当及时向投资者披露,同时根据理财产品合同的约定,或者通过投资者大会决议,或者取得全体投资者同意。

综上所述,存量理财产品存续资产涉及的相关合同,只有经过移行程序后,方能以理财子公司名义进行管理。实践中,移行程序主要有两种方式:一是银行提前与投资者沟通,同时公告设置理财产品赎回期,赎回期到期后未申请赎回的,视为同意将理财产品管理人变更为理财子公司;二是通过投资者大会决议或取得投资者同意。

因此,对于以银行名义发行的理财产品以及对应资产未经移行程序时,委托管理模式下的理财产品及其存续资产涉及的相关合同仍需以银行名义签署。

2. 委托管理模式下,理财产品及其存续资产涉及的相关合同加盖理财子公司印章存在哪些法律问题

在委托管理模式下,若以理财子公司名义对外签署合同,银行与理财子公司之间可能无法明确权利义务。若此时,外部交易对手因为以银行名义签署的合同但在理财子公司进行管理期间而发生纠纷,银行与理财子公司应如何承担责任呢?前述情形下,银行与理财子公司可能成为共同被告,进而承担连带责任。

对于原以银行为主体搭建的底层资产交易结构,需要与多个交易主体沟通以明确权利义务;若其中部分交易主体不同意变更的,在合同实际履行过程中可能发生混乱,尤其是在存在担保人的交易结构中,担保合同可能因担保的权利人发生实际变化而造成脱保。

(三)理财子公司新发理财产品代销文件问题

理财产品销售时需要向投资者提供风险揭示书、投资者权益须知、产品说明书、理财产品协议书等销售文件(以下统称"理财产品销售文件"），实践中为拓展资金来源，理财产品发行人委托有资质的代销机构代销是常见做法，但有些代销机构会要求使用其自己版本的风险揭示书，这种情形下的安排是否符合监管要求？

1. 代销机构是否必须采用理财子公司提供的理财产品销售文件

资管新规七号文第二十五条规定，"银行理财子公司开展业务，应当遵守《指导意见》和《理财业务管理办法》总则、分类管理、业务规则与风险管理、附则以及附件《商业银行理财产品销售管理要求》的相关规定，本办法另有规定的除外"；资管新规七号文第二十七条第二款规定："银行理财子公司可以通过商业银行、农村合作银行、村镇银行、农村信用合作社等吸收公众存款的银行业金融机构，或者国务院银行业监督管理机构认可的其他机构代理销售理财产品。代理销售银行理财子公司理财产品的机构应当遵守国务院银行业监督管理机构关于代理销售业务的相关规定。"即对于理财子公司而言，销售或委托销售发行的理财产品应遵守《商业银行理财产品销售管理要求》；而代销机构代销理财产品的，应遵守银保监会关于代理销售的有关规定。

对理财子公司而言，资管新规六号文的附件《商业银行理财产品销售管理要求》第一条第（二）项规定，"商业银行应当加强对理财产品宣传销售文本制作和发放的管理，宣传销售文本应当由商业银行总行统一管理和授权，分支机构未经总行授权不得擅自制作和分发宣传销售文本"；第五条第（一）项规定，"商业银行总行在全国银行业理财信息登记系统进行销售前信息登记，应当包括以下内容：……理财产品销售文件，包括理财产品销售协议书、理财产品说明书、风险揭示书、投资者权益须知等"。该规定明确要求，理财子公司发行的理财产品，宣传销售文本应统一管理；理财产品在销售前，应在全国银行业理财信息登记系统进行登记，其中登记的内容包括理财产品销售文件，因此销售理财产品时向投资者出示的应为登记的理财产品销售文件。

对代销机构而言，现行有效的银保监会关于代理销售业务的规定主要为《中国银监会关于规范商业银行代理销售业务的通知》，其中在第二十四条规定:"商业银行应当使用合作机构提供的实物或电子形式的代销产品宣传资料和销售合同,全面、客观地揭示代销产品风险。"即代销机构应使用理财子公司提供的代销产品宣传资料和合同进行销售。

根据上述监管要求,代销机构代销理财子公司发行的理财产品时应采用理财子公司提供的理财产品销售文件。

2. 代销机构使用自制版本风险揭示书的潜在监管问题及法律风险

代销机构使用自制版本的风险揭示书,主要存在以下几个方面的问题。

(1)违反监管要求。前文已述,根据资管规定六号文附件《商业银行理财产品销售管理要求》的规定,理财产品销售文件在全国银行业理财信息登记系统进行登记,代销机构使用自制版本的风险揭示书(即未按规定进行登记)的,属违规行为,根据资管新规七号文第五十六条的规定,"银行理财子公司从事理财业务活动,未按照规定向银行业监督管理机构报告或者报送有关文件、资料的,由银行业监督管理机构依照《中华人民共和国银行业监督管理法》第四十七条的规定,予以处罚"。

另根据资管新规七号文第五十五条的规定,"银行理财子公司从事理财业务活动,有下列情形之一的,由银行业监督管理机构依照《中华人民共和国银行业监督管理法》第四十六条的规定,予以处罚……(二)未按照规定进行风险揭示或者信息披露的"。

(2)潜在法律风险。《全国法院民商事审判工作会议纪要》第七十四条第一款规定:"金融产品发行人、销售者未尽适当性义务,导致金融消费者在购买金融产品过程中遭受损失的,金融消费者既可以请求金融产品的发行人承担赔偿责任,也可以请求金融产品的销售者承担赔偿责任,还可以根据《民法总则》第167条的规定,请求金融产品的发行人、销售者共同承担连带赔偿责任。发行人、销售者请求人民法院明确各自的责任份额的,人民法院可以在判决发行人、销售者对金融消费者承担连带赔偿责任的同时,明确发行人、销售者在实际承担了赔偿责任后,有权向责任方追偿其应当承担的赔偿份额。"

实践中已有理财产品发行人因未适当履行适当性义务而承担赔偿责任的案例。若代销机构使用自己版本的风险揭示书，从而未全面、准确、客观地向投资者解释理财产品风险，理财产品发生亏损时，理财子公司可能因此陷入纠纷，甚至承担赔偿责任。

（四）非标理财资产回表问题

在资管新规要求的过渡期内，存量理财产品转型的压力非常显著。有银行提出使用自有资金置换理财产品持有的资产，从而使理财产品得以清盘。就上述方案，笔者结合以下案例进行分析。

资管新规施行前，银行募集理财资金作为优先级委托人与受益人投资一笔信托计划，现该银行考虑用自有资金受让信托计划项下的优先受益权。

1. 银行能否用自有资金受让信托计划项下的优先受益权

这个问题的实质为：银行能否与其发行的理财产品进行交易，以受让理财产品持有的信托计划份额。

笔者认为，银行不能与其发行的理财产品进行交易，理由如下。

（1）未经被代理人同意或追认的，自己代理行为无效。根据资管新规六号文第三条对理财业务的定义和第六条对理财业务开展方式的描述，理财业务实质上属于一种代理行为。《民法总则》第一百六十八条规定："代理人不得以被代理人的名义与自己实施民事法律行为，但是被代理人同意或者追认的除外。"

因此不考虑其他监管因素的情况下，若未在理财产品有关文件中明确与投资者约定可进行自己代理、或投资者未追认的，则该类交易不能进行。

（2）违反监管要求。尽管法律法规及有关监管文件中未明确限制银行与其发行的理财产品之间进行交易，且《中国银监会关于规范银信类业务的通知》允许银行运用表内自有资金投资信托计划，但从监管实践看，银保监会对银行购买其理财产品持有的资产持否定态度。根据2018年12月7日发布的（银保监银罚决字〔2018〕12号）《中国银行保险监督管理委员会行政处罚信息公开表》，受处罚行为为"信贷资金违规承接本行表外理财资产"，处罚依据主要为《中国银监会关于完善银行理财业务组织管理体系有关事项的通知》（现已被资管新规六号文废止）第三条。另外，2019年银保监会发布的《中国银保监会关于开展"巩固治乱象成果促进合规建设"工作的通知》附件一《2019年银行机构"巩固治乱象成果　促进合规建设"工作要点》，明确将"表内外风险交叉传染，表内外资金相互承接出现风险的业务"列为监管重点。

在此我们首先从法律角度明确一下"信贷资金"与"自有资金"的关系。最早明确银行自有资金属于信贷资金范畴的法规是中国人民银行1984年发布的《中国人民银行信贷资金管理试行办法》（第三条）；此后中国人民银行1994发布的《中国人民银行信贷资金管理暂行办法》（现已失效）第三条更是以列举的形式对此进行了规定。因此在监管层面，银行自有资金应属信贷资金的范畴。

而从资管新规六号文的规定看，其第十五条、第四十九条明显延续了《中国银监会关于完善银行理财业务组织管理体系有关事项的通知》第三条的监管思路，即禁止信贷资金违规承接本行表外理财资产，防止风险交叉传染。

因此，银行自有资金作为信贷资金的一部分，不应与其发行的理财产品进行交易，或进而受让理财产品持有的信托计划份额。

另外，中国人民银行于2018年7月20日发布《中国人民银行办公厅关于进一步明确规范金融机构资产管理业务指导意见有关事项的通知》（以下简称"央行资产管理业务通知"），其中第四条提到，"对于通过各种措施确实难以消化、需要回表的存量非标准化债权类资产，在宏观审慎评估（MPA）考核时，合理调整有关参数，发挥其逆周期调节作用，支持符合条件的表外资产回表。支持有非标准化债权类资产回表需求的银行发行二级资本债补充资本"；第五条提到，"过渡期结束后，对于由于特殊原因而难以回表的存量非标准化债权类资产，以及未到期的存量股权类资产，经金融监管部门同意，采取适当安排妥善处理"。有意见认为，央行通知预示着未来银行表外资产回表都将会进行特殊化处理。

笔者认为，央行资产管理业务通知作为资管新规的细则，应仍遵循资管新规及原有关监管文件的框架。在央行资产管理业务通知发布当日，中国人民银行配套发布了该通知的说明，在第四条第一款中明确指出，"为解决表外资产回表占用资本问题，支持商业银行通过发行二级资本债补充资本"；从中至少可以看出，央行将仍遵循指标管理的标准，不会直接通过大幅放宽监管指标的方式支持表外资产回表，而是支持银行通过合规方式（如提及的发行二级资本债）补充资本从而调节本行指标。从反向角度考虑，若央行通过放宽监管指标或监管机构对表外资产回表进行特殊处理，那么所有表外资产都能够回表，不存在难以回表的问题了。因此笔者认为，银行在处理表外资产回表问题时，除非有关监管机构明确可以特殊化处理，否则仍应在原监管的框架内进行。

2. 在不考虑监管要求的情况下，假设银行取得投资者同意进行自己代理性质的交易行为，银行在信托计划中的法律地位是否发生变化

笔者认为，在不考虑监管要求的情况下，假设银行取得投资者同意进行自己代理性质的交易行为，银行在信托计划中的（广义上的）法律地位发生变化，具体理由如下。

理财产品在法律上没有独立的实体和人格，而是由银行以自己的名义代为做出相关法律行为。在实务操作中，有关机构和社会主体有意识地将理财产品与银行区分开来，视为一个独立的主体。

对信托计划而言，根据《信托登记管理办法》的有关规定，其应就受益权信息向中国信托登记有限责任公司进行登记。根据《中国信托登记有限责任公司信托受益权账户业务指南》，银行登记的受益权账户为"金融机构账户"，而银行理财产品登记的受益权账户类型为"金融产品账户"。

另外，银行、理财产品与信托公司签署的合同内容存在实质性差别。根据监管要求，理财产品应单独管理、单独建账和单独核算，因此信托公司向其进行信息披露的联系人、收益分配的银行账户等，均与银行以自有资金购买信托计划份额时不同。

因此从实务的角度来看，不考虑监管要求的情况下，假设银行取得投资者同意进行自己代理性质的交易行为，进而取得其发行的理财产品持有的信托计划受益权，银行在信托计划中的（广义上的）法律地位发生变化。

3. 在不考虑监管要求的情况下，假设银行取得投资者同意进行自己代理性质的交易行为，银行是否需要与自己签订书面协议

笔者认为，在不考虑监管要求的情况下，若银行取得投资者同意进行自己代理性质的交易行为，银行需要与自己签订书面协议，具体理由如下。

前文已述，在实务中各有关机构和社会主体有意识地将银行与其发行的理财产品视为两个主体，因此即便银行与其发行的理财产品之间进行自己代理性质的交易，仍应该如同两个法律主体进行交易一样签订书面协议。

另外，从明晰权利义务、减少潜在纠纷发生的角度考虑，也应通过书面形式对自己代理性质的交易进行明确。